PABLO JIMÉNEZ SERRANO

HERMENÊUTICA E INTERPRETAÇÃO JURÍDICA

A CONTRIBUIÇÃO HERMENÊUTICA NOS PROCESSOS DE INTERPRETAÇÃO E DE CONCRETIZAÇÃO DO DIREITO MODERNO

Jurismestre

FICHA CATALOGRÁFICA
Bibliotecária: Alice Tacão Wagner - CRB 7/RJ 4316

S487p
Serrano, Pablo Jiménez.
Hermenêutica e intepretação jurídica: a contribuição hermenêutica nos processos de intepretação e de concretização do direito moderno [livro eletrônico] / Pablo Jiménez Serrano. – Rio de Janeiro: Jurismestre, 2019.

170 p. : Il.

ISBN 978-85-69257-07-3

1. Hermenêutica. 2. Interpretação - metodologia. I. Título.

CDD – 340.14

***Editoração e Acabamento*:**
Editora Jurismestre – Rua H, n. 173
Fone: (24) 99905-8200 – 27251-223 – Volta Redonda, RJ.
www.jurismestre.com.br
contato@jurismestre.com.br

Ao meu pai ALFREDO e à minha mãe,
CRISTINA,
pelo afeto e carinho.

Aos meus filhos,
tesouros e presentes de Deus.

Pablo Jiménez Serrano

Graduação em Direito pela Universidade do Oriente, Cuba (1983), Mestrado em Epistemologia da Política e do Direito pela Universidade São Judas Tadeu (2005), e Doutorado em Direito pela Universidade do Oriente, Cuba (1996), diploma revalidado (RECONHECIDO), de acordo com os documentos constantes do Processo n. 2000.1.4694.1.7 pela Universidade de São Paulo - USP/SP (02 de agosto de 2004). Cursou o Programa de Doutorado: Metodologia Fontes e Instituições Jurídicas da Universidade de Alicante, Espanha. Professor e pesquisador do Centro Universitário Salesiano de São Paulo, Unisal, Lorena. Professor e pesquisador do Centro Universitário de Volta Redonda, UniFOA. É autor de vários livros e artigos científicos. Diretor da Editora Jurismestre (www.loja.jurismestre.com.br) e Coordenador Geral da Jurismestre Cursos (www.jurismestrecursos.com.br).

“Somos intérpretes da realidade,
tradutores dos símbolos, mas não donos das verdades”.

(SERRANO, Pablo Jiménez, 2020)

SUMÁRIO

APRESENTAÇÃO

É com admirável satisfação e gratidão que sou premiado, uma vez mais, com a incumbência de apresentar os trabalhos do Professor e Doutor Pablo Jiménez Serrano.

A bem da verdade, eu seria teoricamente suspeito para a realização de tal tarefa, dada a estima pessoal profunda que lhe dedico e dada a capacidade de sobra que, até sem muito esforço, lhe reconheço. No entanto, aqui vão algumas palavras que podem abrir um pouco mais o caminho aos estudantes, profissionais do direito - e sobretudo aos juristas brasileiros -, sobre a importância da presença do ilustre professor em nosso país, a abrilhantar, iluminar e desenvolver o ensino jurídico, a desvendar os critérios da pesquisa jurídica, para a realização das monografias, das dissertações de mestrado e das teses de doutorado, e, arrematando, a trazer um novo estudo sobre os métodos de interpretação da lei.

Ora, será fantástico para nós brasileiros se soubermos aproveitar com sabedoria os conhecimentos do renomado mestre, se soubermos compreender a relevância dessa experiência internacional à nossa disposição. Se soubermos fazer germinar essa semente do conhecimento que nos está sendo oferecida. E se soubermos entender que nada acontece por acaso, o que equivale a dizer que o novo milênio que se aproxima "coincide" com esta iniciativa, que nos entrega esta enorme possibilidade de avanço e, sobretudo, de intercâmbio com a América Latina.

Notemos, pois, a possibilidade de crescimento ora apresentada. O Professor Pablo, em sua obra "Hermenêutica e interpretação jurídica" (um presente para a comunidade científica jurídica brasileira) apresenta-nos um trabalho magnífico, no melhor estilo dos consagrados Carlos Maximiliano e Maria Helena Diniz, onde ficam desnudadas, com simplicidade e completitude, todos os métodos de hermenêutica suficientes a uma precisa adequação da norma abstrata ao caso concreto.

Saibamos, pois, adentrar a nova era, pelas alternativas corretas de caminho, em busca de um mundo melhor e equilibrado com o direito - bem estudado e conhecido - e, consequentemente, com a boa distribuição da justiça.

Parabéns ao Professor Pablo, que Deus o proteja e o abençoe. Seja bem-vindo ao nosso Brasil. Parabéns pela sua cultura e humildade. Pelas enormes virtudes de seu espírito.

Parabéns aos leitores, merecedores de todas essas qualificações, das quais serão também, por certo, portadores.

Francisco da Silva Caseiro Neto
Doutor em Processo Civil Coletivo pela PUCSP. Bacharel em Direito, Mestre em Direitos Difusos e Coletivos pela PUCSP. Professor da Graduação de Processo Civil, do Núcleo de Prática Jurídica Civil e de Processo Civil Romano da PUCSP e Membro do Instituo Brasileiro de Direito Processual (IBDP).

INTRODUÇÃO

A função mais importante do estudioso do direito é a interpretação jurídica, atividade que lhe permite descortinar o direito, isto é, desvendar o sentido e o alcance, tanto dos enunciados da ciência como das normas jurídicas criadas com o objetivo de ordenar a convivência humana.

A verdade é que a habilidade de bem interpretar é auxiliada pela teoria hermenêutica. Por essa razão, e devido à importância do estudo dessa teoria, consideramos de suma importância redigir a presente obra, com o intuito de revelar e divulgar a perspectiva da interpretação do direito moderno, onde a interpretação jurídica enfrenta profundas limitações, num mundo, ainda, governado pelas diferenças, conflitos de interesses e variadas preferencias ideológicas, onde o reconhecimento e a constitucionalização dos direitos parece ser o único objetivo (ilusório e fantasioso) das políticas jurídicas praticadas nos diversos sistemas de governos conhecidos.

Decerto, a teoria da interpretação tem sido desenvolvida em valiosas obras, por meio das quais entende-se que interpretar é compreender o *sentido do locutor* (ou do legislador) ou compreender o *sentido dos enunciados* contidos nos textos jurídicos (doutrinários ou normativo). No primeiro caso, significa, situar-se no lugar do legislador para repetir artificialmente sua atividade. Este tipo de interpretação, no contexto moderno enfrenta vários inconvenientes de ordem prática, razão por que, como será explicado, a vontade do legislador, no contexto moderno, perde toda utilidade. Já, no segundo caso significa investigar, de forma pragmática, o sentido das proposições jurídicas.

Nisto radica a dicotomia a ser estudada nos próximos capítulos: desvendar a unidade intencional do locutor ou descortinar o sentido pragmático do texto (discurso). Ora, desvendar a vontade do legislador é autêntica ficção; por isso mesmo, a concepção contextualista tem conquistado mais terreno, por reconhecer que não se trata de encontrar a vontade do legislador, mas de encontrar uma vontade objetiva e imanente na própria lei (*voluntas legis*).

Contudo, a problemática que estimula a presente investigação pode ser assim resumida:

Primeiro, a interpretação jurídica enfrenta profundas limitações, num mundo, ainda, governado pelas diferenças, conflitos de interesses e variadas preferências ideológicas, onde o reconhecimento e a constitucionalização dos direitos parece ser o único objetivo (ilusório e fantasioso) das políticas jurídicas praticadas nos diversos sistemas de governos conhecidos.

Segundo, os recursos hermenêuticos fundados no método dedutivo, analítico e lógico: historicamente conhecidos, consideram-se inadequados à interpretação dos problemas sociais e jurídicos modernos, que se nos apresentam na forma de texto: doutrinas, normas e decisões.

Terceiro, as decisões em conflitos parecem não serem mais oriundas da escolha de um tipo de interpretação restritiva ou extensiva, porém, meras consequências do uso e preferência por alguns dos modelos jurídicos, a saber, dogmático ou antidogmático.

A anterior problemática aponta para três problemas principais da interpretação moderna, a saber:

1. O predomínio da vontade do agente emissor de uma mensagem (autoridade) e do intérprete que se *aproxima* ou afasta dos objetivos do texto (direito);

2. A desconsideração da função pragmática do processo interpretativo e;

3. A ausência de uma hermenêutica coerente, capaz de auxiliar e de corrigir os processos de interpretação e aplicação do direito.

A obra tem como objetivo geral discutir a contribuição da hermenêutica no processo de concretização dos direitos humanos fundamentais na sociedade brasileira contemporânea e, como objetivos específicos:

a) Caracterizar o lugar da hermenêutica no direito histórico e moderno;

b) Destacar a concepção pragmática da interpretação, em face da concretização de direitos;

c) Discutir os pressupostos da interpretação do direito moderno.

Por meio de uma pesquisa doutrinária e histórico-realista, caracterizam-se um dos os obstáculos que, no plano analítico, limitam a tão almejada concretização. A metodologia eleita foi o método dedutivo, por meio de pesquisa bibliográfica, doutrinária jusfilosófica e normativa brasileiras e estrangeiras.

Discute-se a importância de uma teoria hermenêutica que permita, com racionalidade, a interpretação de texto e a concretização de direitos. No decorrer da discussão serão consideradas as seguintes premissas (ou hipóteses de trabalho):

- A positivação (o texto) é condição da interpretação, da aplicação e da concretização de direitos, mas, nem todo direito positivado é bem interpretado, aplicado nem concretizado. Importa, assim, indagar o papel da hermenêutica nesses processos;

- A aplicação (a decisão) e a concretização de direitos, maiormente, dependem da interpretação, que condiciona a ação, pois nenhum direito se concretiza por si só. Interessa, logo, investigar a função pragmática a interpretação como processo;

- A interpretação, literalista[1], isto é, orientada por recursos lógicos, é muito variada e vaga, razão pela qual urge a idealização de um modelo hermenêutico que possibilite a harmonização dos processos decisórios. Importa, então, investigar os pressupostos da interpretação do direito.

Como contribuição, conclui-se que existe uma correlação necessária entre a interpretação e a concretização dos direitos humanos fundamentais, nexo que se funda na convivência social, princípios reitores desse processo, para além dos interesses econômicos e partidos políticos.

Mais uma vez, gostaria de agradecer a todos os colegas e alunos que incentivaram a idealização e a elaboração desta obra.

A todos muito obrigado e boa leitura!

Pablo Jiménez Serrano
Rio de Janeiro, 22 de janeiro de 2020

[1] Prática ou processo que consiste em fazer interpretação literal ou tendência para adotar a intepretação literal.

CAPÍTULO 1

A INTERPRETAÇÃO JURÍDICA

Neste primeiro capítulo significamos a interpretação jurídica como um processo que, em essência, objetiva descortinar o direito. Trata-se de um dos temas mais fascinantes da teoria do direito, por meio do qual o intérprete busca desvendar o sentido e o do direito, seus enunciados científicos e norma. Assim, devido à sua importância apresentamos da interpretação, seu conceito, problemas, importância, classificação e elementos.

1.1 O conceito de interpretação

Para o senso comum, interpretar é o ato de esclarecer as coisas, de indagar e questionar um assunto. Podemos afirmar que o significado mais comum da interpretação se reduz a significar o processo pelo qual se procura determinar o sentido das mensagens, que escritas ou não são veiculadas na forma de discursos.

A interpretação é um dos processos intelectuais mais importante e necessariamente desenvolvido pelo jurista teórico e prático, como atividade prévia à aplicação e à concretização de direitos.

Podemos, assim, considerar que o trabalho do jurista consiste em conhecer, interpretar e usar os enunciados da ciência e as prescrições normativas em função da resolução dos diversos problemas sociais.

Nesse processo, o jurista não só há de se preocupar com o mero conhecimento de normas, mas sim com a função que ela desempenha em face da tutela das relações humanas e à resolução de conflitos sociais.

Evidentemente, a interpretação jurídica, como veremos no *capítulo 4*, não se reduz à leitura de um mero texto legal (interpretação normativa), pois ela tem como objeto a ampla realidade jurídica integrada por vários domínios, a saber, valores, normas e convivência dos quais são oriundos os enunciados da ciência. Assim sendo, “no ato de ler, está implícito um tipo específico de unilateralidade. Tal unilateralidade fundamenta o caráter conjetural da interpretação. A conjetura e a avaliação encontram-se, em certo sentido, relacionadas circularmente, enquanto abordagem subjetiva e objetiva ao texto"[2].

1.1.1 Conhecendo o porquê da interpretação jurídica

Podemos afirmar que uma das razões da interpretação é o fato de nem sempre existir um claro deslinde entre a mensagem e a experiência sociocultural, motivo pelo qual a mensagem se torna de difícil compreensão.

Um dos motivos pelos quais o processo de interpretação torna-se necessário é caráter abstrato dos termos usados nos enunciados da ciência e no texto de lei. No primeiro caso essa abstração muitas vezes pode ser considerada como desnecessária. No segundo, necessária, por se considerar que as leis, têm como principal característica a universalidade, hão de incorporarem preceito genérico para tentar abranger a maior parte dos conflitos e relações humanas que são objeto da experiência jurídica.

Essa generalidade e abstração, junto aos problemas de impressão dos textos: vagueza e ambiguidade, dentre outras, apontam para a necessidade da interpretação, pois nem sempre que lemos compreendemos bem os textos.

Quanto à interpretação normativa desenvolvida sobre os textos legais, deparamo-nos com normas relacionadas de diversas maneiras, tais são os exemplos:

a) normas com destinatários universais;

b) normas com destinatários individuais;

c) normas com ação universal; e

d) normas com ação individual.

Como resultado dessa caracterização, organizamos a norma segundo a sua tipologia em: a) normas jurídicas gerais e abstratas; b) normas jurídicas gerais e concretas; c) normas jurídicas particulares e abstratas; d) normas jurídicas particulares e concretas; e) normas jurídicas afirmativas ou negativas e; f) normas jurídicas declarativas, imperativas, categóricas ou hipotéticas.

Contudo, o significado desta classificação normativa também interessa ao intérprete, assim sendo, ele deve ser observado. Vejamos:

---

[2] RICOEUR, Paul. *Teoria da Interpretação: o discurso e o excesso de significação.* Lisboa: Edições 70, 1976, p. 89.

a) as normas jurídicas universais são proposições em que é considerado como sujeito-destinatário aquele grande grupo de indivíduos, composto por muitos membros;

b) as normas jurídicas particulares têm como sujeito-destinatário uma pessoa determinada, como o é o sujeito ao qual se dirige a sentença de um juiz;

c) as normas jurídicas com ações universais são aquelas inerentes a várias execuções, o que traz como consequência que o comando não se esgota com um só ato;

d) as normas com ações individuais ordenam uma ação concreta e geralmente são utilizadas nos procedimentos para cominar a uma determinada pessoa o cumprimento de uma atividade ou conteúdo específico.

Da mesma maneira, durante a interpretação podem existir normas afirmativas e negativas, que estabelecem os comandos e as proibições.

Ao se reconhecer a existência de normas sem sanção, também se admite a existência de normas categóricas, ou melhor, sem uma condição posterior. De todas as formas, as normas que mais interessam são as hipotéticas, com as quais se busca alcançar um determinado fim. Por exemplo: "*Se você deseja Y, faça X*"; ou um fim diverso: "*Se você não deseja Y, faça X*".

São denominadas de normas finalistas devido ao fim estabelecido que elas declaram. As normas condicionadas (hipotéticas) podem ser decompostas propondo-se sua relação interna (causa-consequência) da seguinte maneira: "*Se é A, deve ser B*", onde *A* para muitos é o ato ou fato jurídico e *B* a consequência. Por exemplo: "*A personalidade civil do homem começa do nascimento com vida; mas a lei põe a salvo desde a concepção os direitos do nascituro*" (Artigo 4º do Código Civil Brasileiro).

Para outros, *A* é o ilícito e *B* a sanção. Exemplo: "*Aquele que, por ação ou omissão voluntária, negligência ou imprudência, violar direito, ou causar prejuízo a outrem, fica obrigado a reparar o dano*" (Artigo 159 do Código Civil Brasileiro).

A respeito do tema da generalidade e da abstratividade Vasconcelos considera que,

> a norma jurídica deveria ser abstrata, isto é, teria de preceituar em tese. Generalidade e abstratividade seriam meios imprescindíveis, na concepção do legislador, à garantia da idoneidade da lei, mantendo-a à margem das disputas pessoais. Aspirava-se assegurar a certeza do direito, único valor que o positivismo soube distinguir[3].

---

[3] VASCONCELOS Arnaldo. *Teoria da norma jurídica.* Rio de Janeiro: Forense, 1978, p. 182.

Em essência, continua o citado autor a norma é geral, porque seu preceito se dirige indiscriminadamente a todos, categoria que inclui a todos, segundo os seres humanos sitiados no mesmo plano de igualdade jurídica, isto é, a todos os brasileiros natos ou naturalizados, a todos os empregados públicos, a todos os empresários, a todos os professores, e assim por diante. Forma-se uma progressão do mais geral (brasileiros) ao menos geral, ou especial (professores, empresários etc.)[4].

Contudo, a generalidade, como característica essencial da lei exige de uma interpretação que possibilite a compreensão e uso dos enunciados da ciência por parte dos juristas e a aplicação da norma jurídica, por parte do poder judiciário.

Pode-se, assim, afirmar, que a função do intérprete é, geralmente, de tipo subjetiva, pois toda prescrição apresenta fatores subjetivos que avaliam os fatos, destacando-se os mais importantes e ocultando-se os que se estimam irrelevantes. Essa subjetividade é também uma das formas de interpretação que deve ser corrigida por quem aplica o direito, pois em alguns casos o legislador diz mais e em outros menos.

Carlos Maximiliano[5] também assinala, como outra das causas da interpretação, as dúvidas surgidas após a promulgação dos instrumentos jurídicos sobre a aplicação de dispositivos bem redigidos, pois acontece que o legislador oferece preceitos abstratos, traçando os delineamentos exteriores da ordem jurídica, dentro dos quais o intérprete acomoda isoladamente o caso concreto.

Por esse caminho, a interpretação teria como razão a linguagem imprecisa, que escurece a lei e seus preceitos, por defeitos de sua redação, ou por duvidosa redação voluntaria ou involuntária, com relação a uma determinada realidade.

Nestas situações de complexidade na interpretação e compreensão dos textos, a hermenêutica, como veremos apresenta-se apta para o auxílio com métodos que possibilitam alcançar resultados que se digam coerentes e uniformes.

Mas, independentemente desses problemas devemos salientar que toda mensagem, seja ela escrita texto, ou não escrita (verbal) é suscetível de interpretação, não apenas aquelas que se compõem com frases obscuras, enunciados lacunosos ou duvidosos.

---

[4] VASCONCELOS Arnaldo. *Teoria da norma jurídica.* Rio de Janeiro: Forense, 1978, p. 179.

[5] MAXIMILIANO, Carlos. *Hermenêutica e Aplicação do Direito*. 16. ed. Rio de Janeiro: Forense, 1996, p. 11.

A interpretação é sempre o ato exigível e necessário, ainda que as mensagens sejam claras quanto a seu sentido e extensão. A sua exigibilidade é evidente, pois sempre o intérprete irá precisar descortinar o sentido e o alcance da mensagem, tendo como objeto principal a linguagem empregada num determinado contexto: tempo e lugar.

Como também será explicado no *capítulo 3*, os problemas da interpretação dos enunciados científicos e normativos igualmente estão vinculados à linguagem e à lógica jurídica e, por este motivo, ao se interpretar não devemos prescindir do método exegético-analítico, mesmo que interprete tenha como perspectiva privilegiar a abordagem contextualista e não a literalista.

Nesse processo, o conhecimento do uso da linguagem, da argumentação e da lógica jurídica nos permitirá bem compreender o sentido dado à redação dos textos. Esse conhecimento, certamente servira de antecedente para descortinar o texto.

Enfim, a interpretação é sempre necessária, pois toda ciência (conhecimento) e norma se nos apresenta na forma de linguagem: texto da qual devemos extrair seu significado linguístico e seu sentido pragmático.

1.2 Importância do estudo da interpretação jurídica

As noções de hermenêutica e de interpretação jurídica ganham a cada dia maior importância para o estudioso, o operador do direito e, até para o homem (cidadão) comum; toda vez que os enunciados da ciência objetivam comunicar mensagens e as prescrições legais estabelecem comandos, por meio dos quais se comunica um dever ser.

Discursos e normas são dirigidos a alguém. Assim, ele costurado com base na presença de um interlocutor, leitor ou ouvinte, o que faz da linguagem um sistema de comunicação.

O estudo da teoria da interpretação do direito possibilita compreender o porquê das normas jurídicas, ou melhor, a razão pela qual as normas jurídicas devem ser concebidas dentro de um esquema sistemático, respeitando as questões de hierarquia do direito.

A importância da teoria da interpretação do direito, da usa ciência e das suas normas é imensa, e deriva do interesse público, que exige que as leis tenham aplicação fiel ao pensamento do legislador. É de interesse público a interpretação das leis, porque nenhuma lei se faz a não ser para utilidade pública. Então, se é o interesse público que faz a lei, é necessário que ela tenha uma execução uniforme, e não a pode ter sem que haja regras comuns que sujeitem o espírito dos que se acham encarregados de executá-la[6].

O estudo da teoria da interpretação das proposições jurídicas não tem como objetivo minimizar as questões que geram a obscuridade normativa, porém, busca-se a melhor maneira de desvendar o significado que a própria obscuridade oculta, a partir do uso dos métodos, técnicas e regras propostas pela hermenêutica.

A respeito da relação entre teorias e interpretação, Habermas[7] ensina que cada teoria é determinada por certos dados empíricos, mas as estruturas conceituais das teorias abrangentes exercem a sua faculdade explicativa num nível tão alto de abstração que o controle exercido por tais dados empíricos perde boa parte de sua eficácia. A escolha do esquema interpretativo pode se justificar não somente pelos dados empíricos (se a teoria funciona ou não), mas também pela verificação dos próprios instrumentos teóricos.

Por conta desta necessidade, o intérprete deve cultivar uma determinada habilidade que lhe permita distinguir o sentido e alcance dessas mensagens contidas nos discursos orais e escritos. Trata-se, pois, de habilidades que permitam ao destinatário dessas mensagens: interpretar, compreender, agir (obedecer) e conviver numa determinada sociedade (comunidade).

Conclui-se que o papel do jurista teórico e prático não é o de conhecer e decorar textos jurídico (normas ou doutrinas), mas sim compreender o sentido e o alcance que esses textos têm num determinado contexto, para além dos próprios interesses do seu autor e do seu interlocutor. Assim sendo, a interpretar é **descortinar o direito**, vinculando a razão, a lógica à experiência, isto é, ao conteúdo das relações e problemas sociais e jurídicos.

1.3 Classificação tradicional da interpretação jurídica

---

[6] PAULA Baptista, Francisco de. *Compêndio de Hermenêutica Jurídica*. São Paulo: Saraiva, 1984, p. 3.

[7] HABERMAS, Jürgen. *A ética da discussão e a questão da verdade*. Organização e introdução de Patrick Savidan; trad. Marcelo Brandão Cipolla. São Paulo: Martins Fontes, 2004, p. 30-31.

A interpretação implica em um processo complexo e diversificado quanto a sua perspectiva e recursos e, devido a essas características o direito histórico tem reconhecido várias espécies de interpretação.

Em essência, como lemos na obra de Carlos Maximiliano[8], a interpretação é uma só, mas se lhe atribuem várias denominações conforme o órgão de que procede, ou como produto livre da reflexão. Chamam-lhe *autêntica*, no primeiro caso, e *doutrinal*, no segundo.

Segundo os critérios levados em conta para a classificação das espécies de interpretação, diversos autores têm reconhecido que ela pode ser obtida observando-se nas leis os seguintes elementos:

a) agente;

b) natureza; e

c) extensão.

Assim, a interpretação tem sido classificada, quanto ao agente, em pública (aquela desenvolvida pelos poderes públicos), ou privada (aquela desenvolvida pelos particulares). Por sua vez, a interpretação pública classifica-se em:

a) autêntica; e

b) judicial.

A interpretação autêntica seria originada pelo órgão legislativo (criador do direito). A judicial (puramente executiva) é realizada pelos órgãos do poder judiciário.

Deve-se reconhecer também a interpretação derivada da função administrativa como uma espécie distinta da interpretação comum, mas incluída na interpretação pública, aquela realizada por órgãos do poder público que não são detentores do poder legislativo, nem do judiciário. Ela pode ser regulamentar ou casuística. A regulamentar é a que se destina ao traçado de normas gerais, como a grande massa dos decretos, portarias etc., em relação a certas prescrições das leis ordinárias. Casuística é a que se orienta no sentido de esclarecer dúvidas especiais, de caráter controversial ou não, que

---

[8] MAXIMILIANO, Carlos. *Hermenêutica e Aplicação do Direito*. 16. ed. Rio de Janeiro: Forense, 1996, p. 87.

surgem quando da aplicação, por parte dos aludidos órgãos, das normas gerais aos casos concretos[9].

Todavia, segundo os vários critérios doutrinários a interpretação, pela sua natureza, pode ser classificada da seguinte maneira:

a) gramatical;

b) lógica;

c) histórica; e

d) sistemática.

É gramatical aquela interpretação que tem como objeto o significado e o sentido das palavras usadas no texto legal, sob o fundamento de que, ainda que sejam técnicas, podem gerar dúvidas. Esta forma de interpretação naturalmente não pode ser considerada como autônoma, pois precisa articular-se com as outras espécies.

Conforme explica Francisco de Paula[10] a interpretação gramatical:

> tem por objeto a linguagem da lei; sua influência está na construção textual e nas diversas acepções das palavras: gramatical, usual, jurídica, geral ou particular, própria ou imprópria, ampliativa, taxativa ou exemplificativa, imperativa ou facultativa etc.

A interpretação lógica apoia-se na gramatical e se desenvolve mediante o uso da razão, para determinar o sentido das orações e parágrafos em um contexto concreto.

Pode-se destacar que a interpretação lógica tem por objeto o pensamento; sua influência está no raciocínio e na análise, pela qual decompomos o pensamento implícito no texto, nesse processo o intérprete vai recriamos as espécies, que segundo as regras de direito, ou os enunciados científicos, são ou não adaptadas ao seu preceito; examinamos a ordem e método seguidos na distribuição das matérias, e na redação de toda a lei, de modo que se compreenda o antecedente pelo subsequente, e vice-versa; explicamos as contradições, conciliando as disposições individuais da lei umas com as outras, e com as de outras leis etc.[11]

---

[9] FRANÇA, Limongi, R. *Hermenêutica Jurídica.* 7. ed. São Paulo: Saraiva, 1999, p. 7.

[10] PAULA Baptista, Francisco de. *Compêndio de Hermenêutica Jurídica.* São Paulo: Saraiva, 1984, p. 10-11.

[11] PAULA Baptista, Francisco de. *Compêndio de Hermenêutica Jurídica.* São Paulo: Saraiva, 1984, p. 10-11.

A interpretação histórica, por sua vez, orienta a pesquisa para avaliar os momentos e condições em que se elaborou a norma legal, pesquisando-se as causas dos conflitos jurídicos originados nesse determinado momento e a solução que o legislador deu aos mesmos. Aqui se examinam os principais documentos derivados dos debates do órgão legislativo, tais como atas, projetos etc.

Quanto à interpretação sistemática, vale dizer que ela representa a natureza do estudo sistemático das normas vinculadas dentro de um ordenamento jurídico, constituindo-se por isso em uma interpretação essencial.

Quanto à sua extensão a interpretação pode ser:

a) declarativa;

b) extensiva; e

c) restritiva.

Ao se referir ao texto, ainda que toda interpretação verse sobre uma norma jurídica, qualquer que seja a fonte de sua produção, o resultado obtido pelo intérprete dá lugar a uma interpretação declarativa, se o conteúdo da norma coincide com o que se desprende de seu texto; e a outra que, a grosso modo, pode-se denominar modificativa quando introduz alguma correção. Na realidade, o intérprete não pode corrigir o conteúdo da lei, mas pode estender ou restringir sua formulação literal, se resultar não-ajustada, para se ajustar a seu conteúdo substancial, à sua *ratio*[12].

Mediante a interpretação declarativa o enunciado da norma coincide com o estabelecido no dispositivo. Na interpretação extensiva a fórmula legal é menos ampla do que a *mens legislatoris* deduzida. Uma interpretação é extensiva quando se estende fora dos limites do alcance do texto. Por sua vez, a interpretação será restritiva quando se encerra o significado da norma dentro de limites mais estreitos do que seu texto permite.

A interpretação extensiva e a restritiva não devem ser confundidas com a interpretação lata e a estrita. Existe interpretação lata quando a uma palavra que tem diversos significados se atribui aquele mais extenso. Estrita, pelo contrário, quando se lhe atribui o mais estrito. Com a interpretação lata e a estrita não se estende nem se restringe nada, mas, dentro dos possíveis significados das palavras, elege-se aquele que

[12] DIEZ-PICAZO, Luis; GULLÓN, Antonio. *Instituciones de Derecho Civil.* Madrid: Tecnos, 1995, p. 120.

pareça mais próximo à *mens legis*. Também, pode-se dar uma interpretação ab-rogante, quando da interpretação se tira a conclusão de que é inaplicável (a norma jurídica) por ser incompatível com outras normas ou com o sistema (antinomias)[13].

Em resumo, foram aceitos, a partir da contribuição de Savigny à teoria do direito, diferentes critérios na interpretação das normas jurídicas: gramatical, lógico, histórico e sistemático, representando diversas atividades que têm que estar unidas para que a interpretação tenha sucesso, pois, caso contrário, como afirma Engish, apenas se encobre o problema de uma forma elegante, pela inexistência de ordenação e hierarquia entre os critérios interpretativos, conduzindo a resultados contraditórios[14].

Assim, são reconhecidos também diferentes sistemas interpretativos: o dogmático, o exegético (jurídico-tradicional); o histórico-evolutivo; o da livre pesquisa ou livre criação do direito.

Dentro desses sistemas destaca-se o da livre pesquisa ou livre criação do direito; assim, segundo determinadas posições jurídico-filosóficas, cabe integrar o ordenamento, mediante o recurso, a fatores de natureza não estritamente jurídica, como são os sentimentos e os valores, as instituições ou critérios gerais de justiça, sistema este preconizado pela escola do chamado direito livre e da livre interpretação do direito, segundo a qual, à falta de norma, o intérprete deve se colocar no papel do legislador[15].

O sistema científico, sem dúvida muito mais vasto, é o que presta ao lógico as premissas e dados para, sob a dupla relação das palavras e dos pensamentos e por meio de legítimas consequências, não só atingir o sentido normal, e sem defeitos, como adotar, dentre os sentidos possíveis, o que exprimir, com maior segurança possível, a vontade do legislador[16].

Em princípio, devemos começar por caracterizar o instrumento jurídico com o qual se vai trabalhar. Assim, se identificam os tipos ou classes de normas, para logo conhecer sua função, utilidade e objetivo de sua formulação.

Neste ponto, afirmaria Maximiliano:

---

[13] DIEZ-PICAZO, Luis; GULLÓN, Antonio. *Instituciones de Derecho Civil.* Madrid: Tecnos, 1995, p. 121.

[14] DIEZ-PICAZO, Luis; GULLÓN, Antonio. *Instituciones de Derecho Civil.* Madrid: Tecnos, 1995, p. 115.

[15] DIEZ-PICAZO, Luis; GULLÓN, Antonio. *Instituciones de Derecho Civil.* Madrid: Tecnos, 1995, p. 123.

[16] PAULA Baptista, Francisco de. *Compêndio de Hermenêutica Jurídica.* São Paulo: Saraiva, 1984, p. 11.

> os norte-americanos preferem ao trabalho analítico, ao exame da lei isolada, à interpretação propriamente dita, o esforço sintético, a que apelidam Construção. Para eles, o jurista reúne e sistematiza o conjunto de normas, e com o seu espírito ou conteúdo forma um complexo orgânico. Ao invés de criticar a lei, procura compreendê-la e nas suas palavras, confrontadas com outras do mesmo ou de diferente repositório, achar o Direito Positivo, lógico, aplicável à vida real[17].

Seja como for e independentemente do tipo e dos sistema de interpretação, o ponto de partida do intérprete é o texto: a linguagem e, por esse motivo, durante a interpretação literalista, cabe a aplicação das regras da semântica, que tratam de fixar o sentido ou os possíveis sentidos que possui cada uma das palavras do texto.

Outra perspectiva a ser considerada é a interpretação contextual, onde o intérprete relaciona ou vincula o sentido das palavras ao contexto, constituindo-se este em outro momento da interpretação sintática.

A interpretação sintática não tem como objetivo a fixação do sentido de uma palavra, mas a fixação do sentido de uma proposição completa, através da coordenação gramatical que dentro dela têm as diferentes palavras e seu respectivo valor. Leva-se em conta se a palavra é classificada como advérbio ou pronome, advérbio de tempo ou pronome pessoal, complemento direto ou indireto etc. O contexto é um termo com o que se alude à tradicional interpretação sistemática da norma. A interpretação segundo o contexto aconselha estabelecer conexão entre todos os preceitos legislativos que tratam de uma determinada questão, por pressupor que entre eles existe uma coerência e uma interdependência[18].

Nesse tipo de análise e pesquisa, os antecedentes históricos e legislativos também são importantes, cuja invocação tem por objetivo conhecer a problemática para a qual a norma trata de dar uma solução ou, dito em outros termos, conhecer os critérios diretivos para a resolução das questões às quais se deve o surgimento da norma. Não se trata de uma reconstrução da vontade do legislador, mas de um meio para o melhor entendimento daquilo que ele ordenou (chama-se de história remota e hodierna da instituição, plasmada em anteprojetos, projetos de leis etc.)[19].

---

[17] MAXIMILIANO, Carlos. *Hermenêutica e Aplicação do Direito*. 16. ed. Rio de Janeiro: Forense, 1996, p. 40.

[18] DIEZ-PICAZO, Luis; GULLÓN, Antonio. *Instituciones de Derecho Civil.* Madrid: Tecnos, 1995, p. 117.

[19] Idem.

Assim, determinam-se as verdadeiras causas de uma lei, em um momento histórico específico. Além disso, a realidade social do tempo em que se tem que aplicar as normas consagra o elemento sociológico na interpretação das normas, integrado por aquela série de fatores ideológicos, morais e econômicos, que revelam e plasmam as necessidades e o espírito da comunidade em cada momento histórico. O elemento sociológico obriga a um ajuste da interpretação dos preceitos, mas não a uma modificação ou não-aplicação deles.

Têm igual importância a determinação do espírito e a finalidade das normas (resultado que se pretende alcançar com elas), a interpretação lógica (aquela guiada pela *ratio* da norma e a utilização correta das regras da razão humana) e a interpretação da norma a partir da Constituição[20].

Enfim, durante a interpretação caracterizamos a norma jurídica determinando os seus destinatários e avaliando o comportamento que nela se estabelece (caracterização do sujeito-destinatário e do objeto-ação).

De qualquer sorte, durante o processo de interpretação jurídica deve-se utilizar uma mecânica com a qual se possa distinguir o caráter objetivo e subjetivo dela. Nesse sentido, Reis Friede[21] resume que, segundo a ótica analítica, a interpretação e a aplicação do direito podem ser vistas de maneira diferente. Por exemplo, segundo o critério de interpretação podemos fixar o sentido do comando, seguindo:

a) A teoria subjetiva (vontade psicológica do legislador): escola de exegese, escola restritiva das fontes tradicionais (Gény);

b) A teoria objetivista (vontade normativa da lei): escola histórica (Savigny, Puchta), escola histórico-evolutiva de hermenêutica (Binding, Wach, Kohler), escola da lógica do razoável (Recaséns Siches), escola de interpretação (Cossio), escola da multiplicidade de interpretações possíveis ao poder decisório do juiz (Kelsen).

O núcleo das teorias neokelsenianas da interpretação reside na distinção entre "interpretação cognitiva", de um lado, e "interpretação decisória" e "interpretação criativa", por outro. A interpretação cognitiva consiste numa operação puramente cognoscitiva privada de qualquer efeito prático. Ela "consiste em identificar os possíveis

---

[20] DIEZ-PICAZO, Luis; GULLÓN, Antonio. *Instituciones de Derecho Civil.* Madrid: Tecnos, 1995, p. 119.

[21] FRIEDE Reis. *Ciência do Direito, norma, interpretação e hermenêutica jurídica.* 2. ed. Rio de Janeiro: Forense Universitária, 1999, p. 139.

e diferentes significados de um texto normativo". Neste ponto, os significados admissíveis, são determinados pelas "regras linguísticas - sintáticas, semânticas e pragmáticas- compartilhadas", mas também pelas distintas técnicas interpretativas em uso e as teses dogmáticas difundidas nas doutrinas. Já, a interpretações decisória e criativa são operações críticas e como tais, também nos moldes de Kelsen, puramente decisórias: a chamada interpretação "criativa" consiste em adscrever um significado situado fora do perímetro dogmático admissível, entanto que a interpretação decisória consiste em "eleger" um dos significados admissíveis, descartando os restantes[22].

É, nesse sentido, que Peter Häberle observa a necessidade de superar a interpretação constitucional ligada a um modelo de "sociedade fechada", isto é, restrita a um corpo de processos judiciais formalmente instaurados e modificar o foco da questão sobre os participantes do processo de interpretação, passando de uma sociedade fechada de interpretação constitucional para uma "sociedade aberta"[23].

Vale salientar que a finalidade ou objetivo da interpretação (aplicação como fixação do comando concreto) pode ser observada por meio da aproximação do direito (geral e abstrato) ao caso concreto.

Contudo, uma boa teoria da interpretação há de proporcionar uma resposta convincente acerca da questão da possibilidade de que os enunciados interpretativos tenham valor de verdade[24]. Esse conceito de verdade, como veremos, pode ser construído discursivamente.

1.4 Componentes do processo de interpretação do direito

Como explicado anteriormente, toda interpretação acaba sendo um processo que é desenvolvido com o auxílio de recursos hermenêuticos. Pelo fato de ser um processo, ele é constitutivo de elementos, a saber: *sujeitos*, *objeto*, *objetivos, métodos e perspectivas*. Assim, para uma melhor compreensão, a seguir, tais elementos são caracterizados.

---

22 MANERO, Juan Ruiz. *Epílogo*: interpretación jurídica y direcciones de ajuste. In, Doxa, Universidad de Alicante. Discusiones XII, nº 11, Año 2012, pp. 203 a 219, p. 212.

23 HÄBERLE, Peter. *Hermenêutica Constitucional - A Sociedade aberta dos intérpretes da Constituição*: contribuição para a interpretação pluralista e "procedimental" da Constituição. Trad. Gilmas Ferreira Mendes. Porto Alegre: Sergio Antonio Fabris, 1997, p. 12-13.

24 MANERO, Juan Ruiz. *Epílogo*: interpretación jurídica y direcciones de ajuste. In, Doxa, Universidad de Alicante. Discusiones XII, nº 11, Año 2012, pp. 203 a 219, p. 212.

- *Sujeitos*. Elementos subjetivos, isto é, os agentes que, com diferentes funções e interesses, almejam: *a) comunicar mensagens*, quer na forma oral, quer escrita (quem comunica, exemplos: legislador, juiz, doutrinador, agente público etc.) e; *b) interpretar mensagens* (quem interpreta, exemplo: aplicador, professor, estudante e cidadãos em geral). Resumidamente, de um lado, apresentam-se aqueles que agem com intenção comunicar e, de outro, aqueles almejam desvendar o que se comunica.

- *Objeto*, o conteúdo da mensagem expresso na forma de linguagem. Em poucas palavras, *o que* se interpretar: os textos descritivo e prescritivo.

A respeito do objeto da interpretação, como será explicado, situa-se a Teoria Comunicacional do Direito, objeto da obra de Gregorio Robles[25]. Trata-se de uma teoria que se situa no marco da filosofia da linguagem, mas pressupõe interessante combinação entre o método analítico e o hermenêutico. Diz-se de uma Teoria do Direito, que se ocupa das normas jurídicas enquanto mensagens produzidas pela autoridade competente e dirigidas aos integrantes da comunidade social. Se o fenômeno jurídico se expressa em linguagem, ela (a linguagem), há de ser o único meio de estudar, compreender os problemas jurídicos. Por ser precisamente um texto, o direito deve ser compreendido, isto é, interpretado. Nesse sentido, o jurista deve-se preocupar com a melhor forma de interpretar, de argumentar e de construir raciocínios jurídicos.

Certamente, o criador da lei desempenha um papel importante, pois sua vontade se converte em texto legal. As representações mentais, as expectativas e os propósitos do legislador, que não alcançaram expressão na lei, carecem de obrigatoriedade. Só as manifestações da vontade vertidas nas normas têm valor e por isso apenas é válida a vontade que resulta do texto legal[26].

- *Objetivos*: É possível afirmar que todo processo interpretativo tem um objetivo ou finalidade, a de compreender para explicar (professor), compreender para julgar (juiz), para representar (advogado) etc. A finalidade do processo interpretativo pode ser compreender para explicar (professor), para julgar (juiz), para representar (advogado) etc. a interpretação tem como proposito fundamental, descortinar os enunciados teóricos

---

[25] ROBLES, Gregorio. *O direito como texto*: quatro estudos de teoria comunicacional do direito. Trad. de Roberto Barbosa Alves. Barueri, SP: Manole, 2005.

[26] DIEZ-PICAZO, Luis; GULLÓN, Antonio. *Instituciones de Derecho Civil.* Madrid: Tecnos, 1995, p. 114-115.

(por meio dos quais se constitui a ciência) e os comandos normativos por meio dos quais se prescreve o que *dever ser*.

- *Métodos*, que se referem à forma (maneira ou meios) de interpretação. Fala-se, assim, do conjunto de regras legais, científicas, doutrinárias etc. que vão surgindo por força da necessidade de bem conduzir esse processo. Os métodos ou modelos hermenêuticos nos dizem de como descortinar o texto.

- *Perspectivas*, que diz dos enfoques <u>literalista</u> (semântica, sintaxe, lacuna, vagueza, ambiguidade no contexto) e <u>contextualista</u> (pragmática).

Em suma, a análise *semântica*, o problema *semântico*, propõe o estudo da significação dos conceitos (palavras ou signos), visando a determinar o sentido e o alcance de uma proposição conhecida em determinado tempo e espaço. A *sintática*, problemas da sintática, orienta a investigação acerca da relação existente entre os signos conferido num texto. Já, a *pragmática* (pragmática jurídica), propõe o estudo dos contextos que determinam os significados e usos linguísticos nos determinados sistemas de comunicação, visando a compreender a relação entre sujeito (comunidade), signos (símbolos) e simbolizado (objeto).

CAPÍTULO 2

A HERMENÊUTICA JURÍDICA

O presente capítulo tem como objetivo discutir a contribuição hermenêutica no processo de concretização dos direitos humanos fundamentais nas sociedades contemporâneas. Por meio de uma pesquisa doutrinária e histórico-realista, caracterizam-se um dos os obstáculos que, no plano analítico, limitam a tão almejada concretização. Discutimos, pois, a importância de uma teoria hermenêutica que permita, com racionalidade, a interpretação de texto e a concretização de direitos e a necessidade de observar a correlação necessária entre a interpretação e a concretização dos direitos humanos fundamentais, nexo que se funda na convivência social, princípios reitores desse processo, para além dos interesses econômicos e partidos políticos.

2.1 O conceito de hermenêutica

Na presente seção nos ocupamos de uma das teorias mais importante da Ciência do Direito. Trata-se, pois, da hermenêutica jurídica que, como parte da ciência (conjunto de conhecimentos, regras doutrinárias, legais e jurisprudenciais) que possibilita a interpretação do direito (processo) expresso na forma de linguagem: texto prescritivos (normas) e descritivos (enunciados científicos).

Acerca do significado etimológico da palavra hermenêutica, com muita frequência se afirma que ela deriva do grego *hermeneuein*, terminologia que posteriormente adquiriu vários significados no curso da história. Por meio dela, nos lembra Lenio, Streck:

> busca-se traduzir para uma linguagem acessível àquilo que não é compreensível. Daí a ideia de Hermes, um mensageiro divino, que transmite – e, portanto, esclarece – o conteúdo da mensagem dos deuses aos mortais. Ao realizar a tarefa de *hermeneus*, Hermes tornou-se poderoso. Na verdade, nunca se soube o que os deuses disseram; só se soube o que Hermes disse acerca do que os deuses disseram. Trata-se, pois, de uma (inter)mediação. Desse modo, a menos que se acredite na possibilidade de acesso direto às coisas (enfim, à essência das coisas), é na metáfora de Hermes que se localiza toda a complexidade do problema hermenêutico. Trata-se de traduzir linguagens e coisas atribuindo-lhes um determinado sentido.

> Na história moderna, tanto na hermenêutica teológica como na hermenêutica jurídica, a expressão tem sido entendida como arte ou técnica (método), com efeito diretivo sobre a lei divina e a lei humana[27].

A hermenêutica é, pois, uma parte das ciências jurídicas que facilita a sistematização dos processos utilizados para obtenção de uma interpretação efetiva das normas. Assim, a hermenêutica se constitui como uma técnica para a interpretação correta das leis, seguindo determinado sistema de regras já estabelecidas.

Historicamente, a teoria hermenêutica, também conhecida como teoria da interpretação desenvolvida em valiosas obras, apontou para a necessidade de desvendar o sentido e o alcance da norma já determinados pelo legislador, motivo pelo qual definia-se a interpretação como um processo por meio do qual o interprete deveria se situar no lugar do legislador originário para desvendar sua intenção.

Evidentemente, esta definição atribuiria maior importância à interpretação dogmática (e positivista), perspectiva da qual emanam alguns inconvenientes de ordem prática, razão por que a vontade do legislador, modernamente, tende a perder toda utilidade.

Neste sentido, conforme ensinamentos de Carlos Maximiliano[28], a hermenêutica jurídica tem por objetivo o estudo e a sistematização dos processos aplicáveis para determinar o sentido e o alcance das expressões do direito.

Existe uma evidente diferença entre a interpretação e a hermenêutica, pois, como vimos a interpretação é um processo pelo qual se obtém o fim (determinação do sentido e alcance da norma). A hermenêutica é a teoria que serve de ferramenta para alcançar esse fim, pois os critérios hermenêuticos nos orientam na interpretação restritiva ou extensiva da norma. Essa distinção é demonstrada no seguinte quadro:

2.2 Regras tradicionais da hermenêutica

Conforme a doutrina tradicional, a hermenêutica jurídica compõe-se de um grupo ordenado de regras de interpretação, entre as quais se destacam as *legais*, as *científicas* e as de *jurisprudência*.

---

[27] STRECK, Lenio L. Questionando o ativismo judicial ou "de como necessitamos de uma teoria da decisão". *Revista Direito e Paz*, Lorena, n. 30, p. 11-46, jan./jul. 2014, p. 13.

[28] MAXIMILIANO, Carlos. *Hermenêutica e Aplicação do Direito*. 16. ed. Rio de Janeiro: Forense, 1996, p. 1.

a) Regras legais. As regras legais são aquelas contidas em leis. Elas estão prescritas nas diversas normas de interpretação e aplicação, localizadas em diversos instrumentos jurídicos. Exemplos:

- "Quando a lei for omissa, o juiz decidirá o caso de acordo com a analogia, os costumes e os princípios gerais de direito". (Artigo 4º da Lei de Introdução às Normas do Direito Brasileiro).

- "Na aplicação da lei, o juiz atenderá aos fins sociais a que ela se dirige e às exigências do bem comum". (Artigo 5º Lei de Introdução às Normas do Direito Brasileiro).

- "O juiz não se exime de decidir sob a alegação de lacuna ou obscuridade do ordenamento jurídico.

Parágrafo único. O juiz só decidirá por equidade nos casos previstos em lei". (Artigo 140 da Lei n.º 13.105, de 16 de março de 2015. Código de Processo Civil)

- "O juiz aplicará as regras de experiência comum subministradas pela observação do que ordinariamente acontece e, ainda, as regras de experiência técnica, ressalvado, quanto a estas, o exame pericial". (Artigo 375 da Lei n.º 13.105, de 16 de março de 2015. Código de Processo Civil)

- "O silêncio importa anuência, quando as circunstâncias ou os usos o autorizarem, e não for necessária a declaração de vontade expressa". (Artigo 111 da Lei n.º 10.406, de 10 de janeiro de 2002. Código Civil)

- "Nas declarações de vontade se atenderá mais à intenção nelas consubstanciada do que ao sentido literal da linguagem". (Artigo 112 da Lei n.º 10.406, de 10 de janeiro de 2002. Código Civil)

- "Os negócios jurídicos devem ser interpretados conforme a boa-fé e os usos do lugar de sua celebração". (Artigo 113 da Lei n.º 10.406, de 10 de janeiro de 2002. Código Civil)

- "Os negócios jurídicos benéficos e a renúncia interpretam-se estritamente". (Artigo 114 da Lei n.º 10.406, de 10 de janeiro de 2002. Código Civil)

b) Regras científicas. As regras científicas são aquelas propostas pela doutrina e assumidas pelos pesquisadores segundo sua utilidade e importância teórico-prática.

Destacados hermeneutas têm reunido valiosas orientações doutrinárias, com o intuito de bem orientar a interpretação. Dentre elas destacam-se as seguintes[29]:

1 No texto da lei se entende não haver frase ou palavra inútil, supérflua ou sem efeito.

2 Se as palavras da lei são conformes com a razão, devem ser tomadas no sentido literal e as referentes não dão mais direito do que aquelas a que se referem.

3 Deve-se evitar a supersticiosa observância de lei que, olhando só a letra dela, destrói a sua intenção.

4 O que é conforme ao espírito e letra da lei se compreende na sua disposição.

5 Os textos da mesma lei devem-se entender uns pelos outros; as palavras antecedentes declaram o seu espírito.

6 Devem concordar os textos das leis, de modo a torná-los conforme e não contraditórios, não sendo admissível a contradição ou incompatibilidade neles.

7 As proposições enunciativas ou incidentes da lei não têm a mesma força que as suas decisões.

8 Os casos compreendidos na lei estão sujeitos à sua disposição, ainda que não os especifique, devendo proceder-se de semelhante a semelhante, e dar igual inteligência às disposições conexas.

9 O caso omisso na letra da lei se compreende na disposição quando há razão mais forte.

10 A identidade de razão corresponde à mesma disposição de direito.

11 Pelo espírito de umas se declara o das outras, tratando-se de leis análogas.

12 As leis conformes no seu fim devem ter idêntica execução e não podem ser entendidas de modo a produzir decisões diferentes sobre o mesmo objeto.

13 Quando a lei não fez distinção o intérprete não deve fazê-la, cumprindo entender geralmente toda a lei geral.

14 A equidade é de direito natural.

15 Violentas interpretações constituem fraude da lei.

---

[29] FRANÇA, Limongi, R. *Hermenêutica Jurídica.* 7. ed. São Paulo: Saraiva, 1999, p. 27-287.

c) Regras jurisprudenciais. As regras da jurisprudência, geralmente, são agrupadas da seguinte maneira[30]:

1 Na interpretação deve-se sempre preferir a inteligência que faz sentido à que não faz.

2 Deve-se preferir a inteligência que melhor atenda à tradição do direito.

3 Deve ser afastada a exegese que conduz ao vago, ao inexplicável, ao contraditório e ao absurdo.

4 Há de se ter em vista o *eo quod plerumque fit*, isto é, aquilo que ordinariamente sucede no meio social.

5 Onde a lei não distingue, o intérprete não deve igualmente distinguir.

6 Todas as leis excepcionais ou especiais devem ser interpretadas restritivamente..

7 Tratando-se, porém, de interpretar leis sociais, preciso será temperar o espírito do jurista, adicionando-lhe certa dose de espírito social, sob pena de sacrificar-se a verdade à lógica.

8 Em matéria fiscal, a interpretação se fará restritivamente.

9 Deve ser considerado o lugar onde será colocado o dispositivo, cujo sentido deve ser fixado.

Propõe-se, ainda, outro grupo de regras[31]:

1 O ponto de partida da interpretação será sempre a exegese pura e simples da lei.

2 Em um segundo momento, de posse do resultado dessa indagação, o intérprete deverá reconstruir o pensamento do legislador, servindo-se dos elementos lógico, histórico e sistemático.

3 Verificada a coincidência, estará concluído o trabalho interpretativo, passando-se desde logo à aplicação da lei.

---

[30] FRANÇA, Limongi, R. *Hermenêutica Jurídica*. 7. ed. São Paulo: Saraiva, 1999, p. 28-29.
[31] FRANÇA, Limongi, R. *Hermenêutica Jurídica*. 7. ed. São Paulo: Saraiva, 1999, p. 30-31.

4 Averiguada, porém, desconexão entre a letra da lei e a *mens legislatoris* devidamente comprovada, o intérprete aplicará esta e não aquela.

5 Se, na indagação da *mens ligislatoris*, os resultados forem diversos, cumprirá preferir aquele que seja mais vinculado à índole natural do instituto que a norma regula, bem assim como as exigências da realidade social e do bem comum.

6 Se os resultados viáveis forem ainda insuficientes, em virtude de defeito ou omissão da lei, deverá o intérprete recorrer à analogia e, quando inexequível, às formas suplementares de expressão do direito.

7 No uso dessas outras formas, será mister agir de modo semelhante ao da interpretação da lei, procurando, inicialmente, descobrir na forma exterior a exata expressão da regra supletória, e sua conformidade com a intenção do órgão fautor da regra.

8 Na utilização das formas suplementares de expressão do direito, necessário se fará obedecer à hierarquia prevista na lei: costume, princípios gerais de direito, a doutrina, o Direito Comparado etc.

9 Quando houver, ainda, falta de elementos, com base nos princípios gerais de direito (do sistema positivo, do direito natural e da doutrina consagrada), o intérprete poderá construir, com vistas postas na realidade sociojurídica, a norma especial aplicável ao caso.

Em suma, como bem assinala Francisco de Paula[32], durante todo o processo de interpretação das leis, como preceitos da razão eminentemente social, devemos achar três coisas: palavras, pensamentos e exata conformidade destes pensamentos com a razão natural, justiça, ordem e bem geral, inseparáveis de todas as associações humanas. Os elementos de interpretação, por conseguinte, devem ser três: gramatical, lógico e científico. O primeiro diz respeito à forma exterior da lei, sua letra; o segundo e o terceiro dizem respeito à sua força íntima, seu espírito.

Em função dessa análise o autor, na citada obra, apresenta as seguintes regras auxiliares: "Para o caso em que a lei for suscetível de diversos sentidos, e duvidar-se qual deles seja o verdadeiro, sem haver uma razão superior que decida, restará por último recorrer a certas regras auxiliares, para, segundo a apreciação do resultado de cada uma das diferentes interpretações, adotar-se, dentre os sentidos possíveis: a) o que

[32] PAULA Baptista, Francisco de. *Compêndio de Hermenêutica Jurídica.* São Paulo: Saraiva, 1984, p. 10.

for mais conforme à letra da lei; b) a natureza e importância do negócio de que se tratar; c) no direito comum o mais conforme à equidade; d) nas leis criminais o mais humano, e, para dizer tudo de uma só vez, o que possa trazer menor mal[33].

2.2.1 A interpretação dos atos jurídicos

Em matéria de interpretação, como consequência da evolução constante da ciência, os preceitos do Direito Civil tradicional têm sofrido constantes modificações, mas:

> a teoria da vontade, batida no terreno da Hermenêutica geral, resistiu, com espantosa galhardia, no campo estreito da exegese de obrigações e, com persistência mais generalizada e relativamente defensável, na dos testamentos. Entretanto, se à maioria dos bons expositores pareceu dificílimo, e às vezes impossível, descobrir a vontade do legislador, também se não antolha como promissora de resultado imediato a tarefa de revelar a intenção do estipulante, pelo menos em contrato bilateral[34].

A verdade é que, dentro da estrutura divisória dos fatos, atos e negócios jurídicos, os contratos e os testamentos, como expressão da vontade, também produzem consequências jurídicas.

Assim, a técnica da interpretação dos negócios jurídicos está dirigida à determinação do sentido e alcance da declaração da vontade e tem como finalidade assegurar o verdadeiro efeito negocial que o sujeito, ou sujeitos, da relação jurídica quer atribuir ao ato. Por isso,

> a maior parte das declarações negociais são dirigidas a um destinatário determinado, que é, tal como o declarante, a pessoa afetada pelos efeitos jurídicos que o negócio irá produzir. E ocorre frequentemente, na prática, que cada um deles entende a declaração em sentido diferente, pondo-se assim a questão de saber qual dos dois ou mais sentidos que a declaração comporta deverá prevalecer, tornando-se decisivo e vinculante para as partes, de modo a gerar os efeitos jurídicos pretendidos, ainda que visados, ao ensejo da celebração do negócio, de forma meramente empírica ou prática[35].

Porém, nas legislações se estabelecem regras específicas que facilitam esse tipo de interpretação, por exemplo:

---

33 PAULA Baptista, Francisco de. *Compêndio de Hermenêutica Jurídica*. São Paulo: Saraiva, 1984, p. 34.

34 MAXIMILIANO, Carlos. *Hermenêutica e Aplicação do Direito*. 16. ed. Rio de Janeiro: Forense, 1996, p. 336.

35 CUSTÓDIO da Piedade Ubaldino Miranda. *Interpretação e integração dos negócios jurídicos*. São Paulo: Rt., 1989, p. 3.

> - "Os contratos que regulam as relações de consumo não obrigarão os consumidores, se não lhes for dada a oportunidade de tomar conhecimento prévio de seu conteúdo, ou se os respectivos instrumentos forem redigidos de modo a dificultar a compreensão de seu sentido e alcance". (Artigo 46 do Código de Defesa do Consumidor Brasileiro)
>
> - "As cláusulas contratuais serão interpretadas de maneira mais favorável ao consumidor". (Artigo 47 do Código de Defesa do Consumidor Brasileiro)
>
> - "Os contratos de adesão escritos serão redigidos em termos claros e com caracteres ostensivos e legíveis, de modo a facilitar sua compreensão pelo consumidor". (Artigo 54, § 3º do Código de Defesa do Consumidor Brasileiro)

O antecedente legislativo mais direto que influiu na criação e reprodução destas regras legais podemos encontrá-lo no Artigo 1.134 do *Code Napoleon*, pelo qual "os contratos têm força de lei".

Como se observa, o contrato também é obrigatório, também é uma norma que obriga as partes contratantes. O testamento também é obrigatório. É uma norma obrigando o executor e os herdeiros. Se é dúbio que um testamento possa ou não, mesmo que a título de comparação, ser descrito como um 'comando', é absolutamente impossível assim descrever um contrato. Nesse caso, se isso fosse feito, ambos os indivíduos emitiriam o comando e seriam por ele obrigados. Isso é impossível, pois ninguém pode, propriamente falando, comandar a si próprio. Contudo, é possível que uma norma seja criada pelos mesmos indivíduos que se encontram obrigados por essa norma[36].

Esse reconhecimento do contrato, como ato colocado no mesmo nível que a lei, permitiu que suas consequências fossem avaliadas com o mesmo rigor científico-jurídico que a norma jurídica, o que ressaltou a importância da teoria da interpretação contratual que se estendeu também a todos os negócios jurídicos, sendo o contrato considerado como produtor de normas.

O contrato é considerado historicamente como um ato jurídico bilateral, pois para sua validade (existência), exige-se a manifestação de duas ou mais vontades que, ao coincidirem em um dado momento, aperfeiçoam-se, originando assim o consentimento. Desta maneira, se pode afirmar que o contrato é um ato jurídico perfeito; e mais, um negócio jurídico que gera consequências reguladas juridicamente,

---

[36] KELSEN Hans. *Teoria Geral do Direito e do Estado.* Trad. Luis Carlos Borges. São Paulo: Martins Fontes, 1998, p. 50.

pois, mediante este, se criam, resguardam, transferem, modificam ou se extinguem direitos.

Do ponto de vista etimológico a palavra contrato procede da expressão, *cum* e *traho*, que significa *ligare* e, por conseguinte, a relação constituída com base num acordo ou convenção. É obscura, sem embargo, sua origem e por essa razão surgiram muitas controvérsias entre os romanistas ao redor da relação existente entre os conceitos de contrato, convenção e pacto[37]. Contrato (*contractus*) significa unir, contrair. Não era o único termo utilizado em direito romano para finalidades semelhantes. "A convenção, de *conventio,* provém de *cum venire*, vir junto. E pacto provém de *pacis si*, estar de acordo"[38]. "No direito moderno, o termo pacto tem sentido diverso do que lhe atribuíam os romanos. Significa a cláusula aposta a certos contratos para lhes emprestar feito especial. Pacto não é mais, como no direito romano, a convenção desprovida de sanção"[39].

Na prática também se emprega a palavra contrato em acepções distintas, seja para designar o negócio jurídico bilateral gerador de obrigações, ou o instrumento em que se lavra, seja a escritura pública, o escrito particular formal, ou simples missiva. Na linguagem corrente, essa sinonímia está generalizada a tal ponto que se tornou usual entre os leigos afirmar-se a inexistência de contrato porque o acordo de vontade não está reduzido a escrito. O contrato tanto se celebra por esta forma como verbalmente. Não é o instrumento que lhe dá existência, mas o encontro de duas declarações convergentes de vontades, emitidas no propósito de constituir, regular ou extinguir, entre os declarantes, uma relação jurídica patrimonial de conveniência mútua[40].

A idéia de um contrato absolutamente paritário, afirma Venosa[41],

> é aquela ínsita ao direito privado. Duas pessoas, ao tratarem de um objeto a ser contratado, discutem todas as cláusulas minudentemente, propõem e contrapropõem a respeito de preço, prazo, conclusão do contrato. Nesse tipo de contrato sobreleva-se a autonomia da vontade: quem vende ou compra; aluga ou toma alugado; empresta ou toma emprestado está em igualdade de condições para impor sua vontade nesta ou naquela cláusula, transigindo num ou noutro ponto da relação contratual para atingir o fim desejado.

---

[37] CASTÁN Tobeñas, José. *Derecho Civil Español, Común y Foral*, Madrid, 1991, p 510.
[38] SALVO Venosa, Silvio de. *Teoria Geral dos Contratos*. 3. ed. São Paulo: Atlas, 1997, p. 17.
[39] GOMES Orlando. *Contratos*. 6. ed. Rio de Janeiro: Forense, 1978, p. 17.
[40] GOMES Orlando. *Contratos*. 6. ed. Rio de Janeiro: Forense, 1978, p. 17.
[41] SALVO Venosa, Silvio de. *Teoria Geral dos Contratos*. 3. ed. São Paulo: Atlas, 1997, p. 19.

Igualmente se reconhece que existem três concepções sobre o contrato: a primeira o identifica como a convenção ou ato jurídico bilateral destinado a criar relações de obrigação, a adquirir, a modificar, a transferir, a resguardar ou extinguir as existentes; a segunda (sentido estrito), estabelece uma separação entre a convenção e o contrato, considerando aquela o gênero, e este a espécie, reconhecendo-se que convenção é todo acordo sobre um objeto de interesse jurídico, que tanto pode ser a constituição de um vínculo obrigatório, como de um direito real, bem como ainda de uma relação familiar, e que, portanto, o contrato é exclusivamente o acordo dirigido a constituir uma obrigação patrimonial; e finalmente a terceira (concepção intermediária), sem prejuízo de reconhecer o contrato como meio de transmissão de direitos sobre as coisas, se reconhece que tem ele sempre conteúdo patrimonial, e incluem-se nele não só os acordos dirigidos a constituir uma relação jurídica obrigatória, senão também os encaminhados a extingui-la, resguardá-la, transferi-la ou modificá-la[42].

2.3 O uso e o significado dos aforismos (brocardos) e textos latinos

Os brocardos ou aforismos jurídicos são regras que têm sua fonte nas diferentes locuções e textos latinos presentes em importantes obras históricas, tais como: *Corpus Juris Civilis* (Institutas, Digesto, Códigos, Novelas) e outros textos jurídicos ("Institutas de Gaio", *Sententiarum ad filium* de Paulo, "Regras de Ulpiano", "Lei das XII Tábuas", *Codex Theodosianus, Collatio legum Mosaicarum et Romanorum, Fragmenta Dositheana, Fragmenta Vaticana, Fontes Histórico-Literárias etc.).*

Essa riqueza histórico-jurídica tem sido tomada como referência por importantes e destacados historiadores do Direito romano que também ressaltam o gênio de: Ulpiano (*jurisconsulto romano 170-228*), Dante Alighieri (*poeta italiano, n. em Florentina em 1265 e m. em Ravena em 1321*), Cicerón, Marco Tulio (*escritor e orador romano, n. próximo de Arpino -106-43 a de J.C-,* Gaio (*jurisconsulto romano, autor das Institutas, base das de Justiniano*), Justiniano (*482-565, imperador bizantino, levou a cabo a compilação do Digesto ou Pandectas, as Institutas, as Novelas e os Códigos*).

Vale consignar que "não só para o conhecimento do direito têm importância os brocardos jurídicos. Não menor é o seu significado, no que tange à aplicação prática do Direito Positivo. Ora, não é forçada, nem constitui novidade, a aproximação entre a noção de brocardo jurídico e a de princípio geral de direito". Entretanto, algumas

[42] CASTÁN Tobeñas, José. *Derecho Civil Español, Común y Foral*, Madrid, 1991, p. 515.

distinções devem ser feitas. Primeiro, cumpre lembrar que os brocardos jurídicos, por si sós, não abrangem a totalidade dos princípios gerais de direito, bastando considerar, para a comprovação disto, de um lado, a longevidade dos axiomas e, do outro, os últimos avanços da ciência jurídica, por exemplo no campo do Direito Administrativo e do Direito Social, cujas conquistas deram azo ao afloramento de princípios gerais de direito até então não vislumbrados. Por exemplo, o da condenação da teoria do salário-preço e do trabalho-mercadoria[43].

Assim, reconhecendo o mérito do gênio romano, destacam-se importantes aforismos e expressões latinas, que contribuem no entendimento da natureza de cada instituição jurídica, no fundamento do uso de cada termo e das regras que o direito histórico-tradicional tem acolhido para a interpretação e aplicação das normas jurídicas.

A seguir, apresentamos alguns aforismos jurídicos e textos latinos vinculados à interpretação, hermenêutica e aplicação do direito:

a) Aforismos jurídicos

- Absolvere debet iudex potius in dubio, quam condemnare. [Na dúvida, o juiz deve antes absolver do que condenar]

- *Acta simulata veritatis substantiam mutare non possunt.* [Os atos simulados não podem mudar a substância da verdade]

- *Aequitas lucet per se.* [A equidade é a religião do julgador]

- *Aequitas nihil aliud est quam ius, quam lex scripto praetermisit.* [A equidade nada mais é do que o direito que a lei omitiu no escrito]

- *Benignius leges interpretandae sunt, quo voluntas earum conservetur.* [As leis devem ser interpretadas mais benignamente, a fim de que o espírito delas seja conservado]

- *Commodissimum est in ambiguis id accipi quo res de qua agitur magis valeat quam pereat.* [É melhor nas disposições duvidosas aceitar-se uma interpretação pela qual o ato de que se trata antes tenha valor do que fique ineficaz]

- *Consensus tollit errorem.* [O consentimento suprime o erro]

---

[43] FRANÇA, Limongi, R. *Brocardos Jurídicos. As regras de Justiniano.* 2. ed. São Paulo: Rt, 1969, p. 20-22.

- *Culpa ubi non est, nec poena esse debet.* [Onde não há culpa, nem pena deve Haber]

- *Derogatur legi, aut abrogatur; derogatur legi, cum pars detrahitur; abrogatur legi, cum prorsus tollitur.* [Derroga-se a lei ou ab-roga-se; derroga-se a lei, quando se suprime uma parte; ab-roga-se, quando se suprime inteiramente]

- *Dolus non praesumitur nisi probetur.* [O dolo não se presume, a não ser que se prove]

- *Dubia in meliorem partem interpretari debent.* [As coisas duvidosas devem interpretar-se pelo lado melhor]

- *Ex facto, oritur ius.* [Do fato se origina o direito]

- *Fallitus semper dolosus praesumitur, donec contrarium.* [Sempre se presume doloso o falido, até que se prove ao contrário]

- *Favorabilia sunt aplianda, odiosa sunt restringenda.* [As coisas duvidosas devem ser ampliadas e as coisas odiosas restringidas]

- *Ibi sit poena, ubi et noxia sint.* [Esteja a pena onde estiverem os danos]

- *Ignorantia facti proprii neminem excusat.* [A ignorância do próprio fato não escusa ninguém]

- *In dubio pro libertate.* [Na dúvida, pela liberdade]

- *In dubio pro reo.* [Na dúvida, pelo réu]

- *In eo quod plus sit semper inest minus.* [Naquilo em que está o mais, sempre há também o menos]

- *In his quae contra rationem iuris constituta sunt, non possumus regulam iuris sequi.* [Não podemos seguir às regras do direito naquelas coisas que são contrárias às razões do direito]

- *In obscuris quod minimum est sequendum.* [Nas coisas obscuras seguimos o mínimo]

- *In re dubia benigniorem interpretationem sequi, non minus iustius est, quam tutius.* [Em matéria duvidosa, não só e mais justo, como também mais seguro, adotar o que é mais benigno]

- *Inclusione unius fit exclusio alterius.* [Pela inclusão de uma coisa, faz-se a exclusão de outra]

- *Iniquum est aliquem suare rei iudicem fieri.* [É injusto que alguém se faça juiz de sua questão]

- *Irritum est quidquid, lege prohibente, fit.* [É írrito tudo o que se faz, proibindo-o a lei]

- *Iudex non debet lege esse clementior.* [O juiz não deve ser mais clemente do que a lei]

- *Iudex secundum allegata et probata iudicare debet.* [O juiz deve julgar segundo o alegado e provado]

- *Ius posterior derogat priori.* [O direito posterior derroga o anterior]

- *Leges non valent ultra territorium.* [As leis não valem fora do seu território]

- *Lex nova ad praeterita trahi nequit.* [A lei nova não pode estender-se a coisas pretéritas]

- *Lex potest plus quam pactum.* [A lei pode mais que o fato]

- *Lex prospicit, nou respicit.* [A lei prevê, não é retrospectiva]

- *Lex specialis derogat generali.* [Leis especial derroga a geral]

- *Lucrum sine onera esse non debet.* [Não deve haver lucro sem ônus]

- *Malius sensus est magis quam verba amplecti.* [É melhor ater-se ao sentido que à palavra]

- *Nocentem absolvere satius est quam innocentem.* [É preferível absolver um culpado que condenar um inocente]

- *Non debet actori licet quod reo permittiur.* [Não deve ser lícito ao autor o que não é permitido ao réu]

- *Nullum crimen sine lege, nulla poena sine lege poenale.* [Nenhum crime sem lei; nenhuma pena sem lei penal]

- *Nullum ius sine actione.* [Não há direito algum sem ação]

- *Odiosa restringi est et favores convenit ampliari.* [Convém que as coisas odiosas sejam restringidas e os favores ampliados]

- *Optima lex quae minima relinquit ad arbitrium iudicis; optimus iudex que minimum sibi.* [Ótima a lei que deixa o mínimo ao arbítrio do juiz; ótimo o juiz que deixa para sí o mínimo]

- *Permittitur quo non prohibetur.* [Permite-se o que não se proíbe]

- *Plus actum quam scriptum valet.* [Mais vale o que se fez do que o que se escreveu]

- *Probatio vincit praesumptionem.* [A prova vence a presunção]

- *Quae rerum natura prohibentur, nulla lege confirmata sunt.* [As coisas que são proibidas pela natureza das coisas, não são confirmadas por lei alguma]

- *Quod lege non cavetur, in practica non habetur.* [O que não é cuidado pela lei, não é tido na prática]

- *Quod raro evenit, praetereunt legislatores.* [Os legisladores preterem o que raramente acontece]

- *Ratio ubi eadem est, debet eadem iuris dispositio.* [Onde a razão é a mesma, a mesma deve ser a disposição do direito]

- *Renuntiani iuri suo non datur regressus.* [Não se concede regresso ao que renuncia seu direito]

- *Regula est, quae rem, quae est, breviter anarrat.* [A regra é que narra, brevemente, a coisa qual é]

- *Scire leges non hoc est verba earum tenere, sed vim ac potestatem.* [Saber as leis não é reter suas palavras, mas sua força e poder]

- *Semper in dubiis benigniora praeferenda sunt.* [Nas coisas mais duvidosas se devem preferir as mais benignas]

- *Ubi eadem legis ratio, ibi eadem legis dispositio esse debet.* [Onde há a mesma razão, deve-se aplicar a mesma disposição legal]

- *Ubi ius dubium, non indicitur mala fides.* [Onde o juízo é duvidoso, não se induz a má-fé]

- *Ubi lex non distinguit, nec interpres distinguere debet.* [Onde a lei não distingue, nem o intérprete deve distinguir]

- *Ultima derogant priora.* [Os últimos derrogam os primeiros]

- *Verba cum effectu sunt accipienda.* [As palavras devem ser interpretadas em seu sentido]

- *Verba dubia contra proferentem interpretada sunt.* [As palavras duvidosas devem ser interpretadas contra quem as profere]

- *Verba non mutant substantiam rei.* [As palavras não mudam as substâncias da coisa]

- *Verba non sunt curanda ubi mesns disponentis est apertua.* [Não se deve cuidar das palavras quando a intenção daquele que dispõe está clara]

- *Verba secundum significationem interpretanda sunt.* [As palavras devem ser interpretadas segundo sua significação]

b) Textos latinos. Exemplos de conceitos preliminares:

- *I., 1,1, de iustitia et iure, pr.*

Iustitia est constans et perpetua voluntas ius suum cuique tribuendi. [A justiça é a constante e firme vontade de dar a cada um o que é seu]

- *D., cod., 6, pr. (Ulpiano).*

Ius civile est, quod neque in totum a naturali vel gentium recedit nec per omnia ei servit: itaque cum aliquid addimus vel detrahimus iuri communi, ius proprium, id est civile efficimus. [O direito civil é o que nem de todo se afasta do natural ou dos gentes, nem de todo o serve; quando acrescentamos alguma coisa ou tiramos, constituímos o direito próprio ou civil]

- *D., 1, 3, de legibus senatusque 16 (Paulo).*

Ius singulare est, quod contra tenorem rationis propter aliquam utilitatem auctoritate constituentium itroductum est. [O direito singular é o que foi introduzido contra o teor da razão por alguma utilidade, pela autoridade dos que o contituíram]

- *D., 44, 7, de obligationibus et act., 52, 9 y10 (Modestino).*

Etiam nudus consensus sufficit obligationi, quamvis verbis hoc exprimi possit. [Também o consentimento nu basta para a obrigação, embora isso possa ser expresso por palavras]

CAPÍTULO 3

O OBJETO DO PROCESSO DE INTERPRETAÇÃO

Neste terceiro capítulo cuidaremos do objeto da interpretação jurídica, isto é, do direito, seus enunciados científicos e normativos, expressos na forma de proposições que vigoram num determinado contexto histórico e espacial. Para uma melhor compreensão do tema, a proposição será entendida como o "objeto" ou "matéria" da interpretação jurídica, que envolve, tanto aos enunciados da ciência como aos enunciados normativos.

3.1 A proposição jurídica como objeto de interpretação

Para darmos início a nossa exposição devemos considerar que o objeto direto e imediato de toda interpretação é a proposição que, no plano linguísticos, pode ser definida como o conjunto de palavra que, ligada, dão um sentido a nossa fala.

Esse, em essência, foi o significado, também atribuído por Norberto Bobbio[44] quem definiria a proposição como um conjunto de palavras que possuem um significado em sua unidade. Com base nessa definição o autor considerou irrelevante todo e qualquer conjunto de palavras sem significados. Conforme compreensão de Bobbio um conjunto de palavras pode não ter um significado em sua unidade, embora tenha um significado as palavras que o componham, como, por exemplo: "*César é um número primo*"; "*o triângulo é democrático*". Seja como for, para que uma frase possa ser considerada uma proposição é necessário que tenha um significado.

Também Bobbio[45], nas obras *Teoria da Norma Jurídica* e *Teoría General del Derecho*, concomitantemente, ressaltaria que a forma mais comum da proposição é o que na lógica clássica se chama de *juízo*, uma proposição composta de um sujeito e de um predicado, unidos por uma cópula (*S* é *P*). Porém, também confirmaria que nem

---

[44] BOBBIO, Norberto. *Teoria da norma jurídica*. Trad. Fernando Pavan Baptista e Ariani Bueno Sudatti. São Paulo, Bauru: EDIPRO, 2001, p. 73-74.

[45] BOBBIO Norberto. *Teoría General del Derecho*. Bogotá: Temis, 1987.

toda proposição é um juízo. Por exemplo: "Olhe!", "Quantos anos você tem?" são proposições, mas não juízos. Portanto, segundo o destacado autor, é mister distinguir uma proposição de seu enunciado. Por enunciado, Bobbio considera a forma gramatical e linguística pela qual um determinado significado é expresso, por isso a mesma proposição pode ter enunciados diversos e o mesmo enunciado pode exprimir proposições diversas. Uma proposição pode ser expressa por enunciados diversos quando se altera a forma gramatical. Por outro lado, com o mesmo enunciado pode-se exprimir, em contextos e circunstâncias variáveis, proposições diversas.

Importa saber que toda proposição é constitutiva de enunciados. Talvez, por esse motivo, com ênfase na compreensão *existencialista*, alguns autores preferem usar, no lugar de proposição, os conceitos: "oração" ou "enunciado". Com uma visão *estruturalista*, e como a seguir estudaremos, a proposição é, frequentemente, considerada como um conjunto de palavras, uma série de conceitos ou uma relação terminológica por meio da qual se afirma alguma coisa acerca do mundo e seus problemas[46].

Pois bem, "o que se pode comunicar é, antes de mais, o conteúdo proposicional do discurso"[47]. Assim, como explicamos na obra Epistemologia do Direito[48] os debates em torno da significação proposicional geralmente se concentram na crítica às teorias que pretendem sustentar uma determinada compreensão *existencialista* ou *estruturalista* da proposição. O principal problema deste exame é a questão sobre o que se deve entender por proposição jurídica.

Todavia, é importante distinguir os variados tipos de proposições, propostas pelo autor, de acordo com o critério, função e forma gramatical. Assim, com base na forma gramatical, as proposições podem ser *declarativas*, *interrogativas*, *imperativas* e *exclamativas*. Já, com base nas funções, se distinguem em *asserções*, *perguntas*, *comandos*, *exclamações*[49].

No campo específico do direito, as proposições podem ter, dentre outras, as seguintes funções: *descritiva (ou demonstrativa)*, *avaliativa (ou valorativa)* e

---

[46] BUNGE, Mario. *Epistemologia: curso de atualização*. Trad. de Claudio Navarra. São Paulo: T. A Queiroz. Editora Universitária de São Paulo, 1980, p. 51.

[47] RICOEUR, Paul. *Teoria da Interpretação*: *o discurso e o excesso de significação*. Lisboa: Edições 70, 1976, p. 28.

[48] SERRANO, Pablo Jiménez. *Epistemologia do direito*. [livro eletrônico]. Rio de Janeiro: Jurismestre, 2015. Disponível em: www.loja.jurismestre.com.br

[49] BOBBIO, Norberto. *Teoria da norma jurídica*. Trad. Fernando Pavan Baptista e Ariani Bueno Sudatti. São Paulo, Bauru: EDIPRO, 2001, p. 73-74.

prescritiva (normativa), sendo que delas derivam três tipos de linguagem: a *científica*, a *crítica* e a *normativa*.

Pois bem, a compreensão epistemológica das proposições do direito é de extrema importância se quisermos encontrar a melhor forma de interpretar textos jurídicos e de justificar as teorias e conclusões científicas. Trata-se de um tema que vem despertando entre os juristas um acentuado interesse pelas pesquisas que orientam a compreensão epistemológica das proposições do direito.

Devido à importância dessas proposições e funções da linguagem, a seguir, serão abordadas com mais detalhe. A compreensão do significado proposicional exige a análise e confronto de determinadas teses e argumentos, correspondentes ao pensamento filosófico clássico e moderno que, por estarem ligados à relação entre conhecimento, proposições e mundos, nos permitirá deduzir a gênese do problema que nos ocupa.

Assim, com o intuito de desvendar a gênese do "pluralismo conceitual", ora considerado como o problema central da presente seção, será legítimo desenvolver uma leitura jusfilosófica acerca do significado proposicional, estudo que nos permitirá dimensionar o conflito que deriva das divergências existentes entre as diversas concepções que têm como centro o reconhecimento ou não reconhecimento da existência de proposições no direito. Assim sendo, privilegiamos o estudo e a confrontação de algumas das teses que, por estarem ligadas ao problema que nos ocupa, nos permitirão discorrer sobre a dicotomia derivada da evidente discordância teórico-conceitual que estimula a presente pesquisa.

Independentemente de qualquer conflito teórico é por meio de proposições que descrevemos, avaliamos ou representamos o mundo. No mesmo sentido, é por meio de proposições que podemos discursar acerca do mundo: reconhecer direitos, tutelar relações e resolver conflitos.

A respeito desta diversidade de funções e perspectivas Robert Alexy[50] nos ensina que podemos contemplar o discurso jurídico de modos bem diferentes. Ele pode ser contemplado do ponto de vista *empírico*, *analítico* ou *normativo*. Ele é *empírico*, quando descreve ou busca explicar a frequência relativa de dado tipo de argumentos, a correlação entre determinados grupos de oradores, situações de discurso etc. É *analítico*, quando trata da estrutura lógica encontrada de fato ou nos possíveis argumentos.

---

50 ALEXY, Robert. *Teoria da Argumentação Jurídica*. Trad. Zilda Hutchinson Schild Silva. São Paulo: Landy, 2001, p. 26.

Finalmente, é *normativo*, quando propõe e justifica os critérios para a racionalização do discurso jurídico. Assim, para Alexy,

> Há casos em que a decisão de um caso isolado não segue logicamente quer de afirmações empíricas tomadas junto com normas pressupostas ou proposições estritamente fundamentadas de algum sistema de raciocínio [...]. A escolha da pessoa que decide é que determina qual proposição normativa singular deve ser afirmada (por exemplo, numa pesquisa científica de Direito) ou promulgada como um julgamento num caso. O conteúdo dessa proposição singular normativa é uma afirmação ou comprovação do que se exige, proíbe ou permite a determinado indivíduo[51].

Por esse caminho, as proposições podem ser *explicativas* (descritivas), *avaliativas* (valorativas) e *prescritiva* (normativas). Muito resumidamente, a proposição jurídica pode ser vista como um termo genérico que inclui os enunciados da ciência, os enunciados normativos.

3.1.1 Proposições descritivas: enunciados da ciência

Os enunciados da ciência (ou enunciados científicos) são verdadeiras proposições com diversas funções: explicar, descrever, por meio de juízos de fatos, determinados problemas, normas ou relações.

Diz-se, assim, da função descritiva, própria da linguagem, que consiste em comunicar informações, dados da ciência, fatos históricos, a disseminação de um conhecimento ou saber prático.

Nesta perspectiva, o mundo se transforma num conjunto das referências abertas pelos textos descritivos[52]. Assim sendo, a proposição descritiva é uma espécie de proposição por meio da qual pretendemos informar sobre as propriedades, características, natureza, composição e existência de determinados objetos, acontecimentos, fenômenos ou conceitos jurídicos etc., sendo muitas vezes a evidência de seus postulados o que a torna racional.

Quanto à modalidade da sua afirmação ou negação, as proposições em estudo podem, também, ser denominada da seguinte forma: *enunciativas, declarativas ou indicativas*. Geralmente, por meio de um enunciado ou declaração fazemos um juízo de existência, isto é, explicamos, descrevemos ou demonstramos a maneira de ser e de

---

[51] Ibid., p. 19, 20.

[52] RICOEUR, Paul. *Teoria da Interpretação: o discurso e o excesso de significação*. Lisboa: Edições 70, 1976, p. 47.

estar dos objetos, fenômenos ou coisa, atribuindo-se um adjetivo a um substantivo para afirmar ou negar. São proposições teóricas com as quais necessariamente lida o cientista e, também, o jurista. Tais proposições, de acordo com a lógica clássica, são tidas como juízos compostos de um sujeito e de um predicado, unidos por uma cópula, exemplo, "*S* é *P*"[53].

Diz-se de um tipo de proposição com fundamento ontológico por meio da qual se afirma ou se nega uma realidade, geralmente a partir de uma afirmação quantitativa ou qualitativa derivada de um objeto ou fenômeno. Assim, por exemplo: "*O contrato é um acordo de vontade*", "*Toda obrigação jurídica é um vínculo de direito*".

Tais são as proposições encontradas nas doutrinas ou textos de direito histórico. Observamos que, se tais sentenças fazem parte de uma lei ou código, por conta da sua função elas serão sempre prescritivas.

- *Critérios interpretativos*

A interpretação dos enunciados da ciência deve-se desenvolver levando em conta a análise da maior ou menor correspondência do seu conteúdo com a realidade que representa o se procura descrever.

Tais enunciados são constitutivos das proposições jurídicas, assim consideradas por Ronald Dworkin[54], em sua obra *O Império do Direito,* como todas as diversas afirmações e alegações que as pessoas fazem sobre aquilo que a lei lhes permite, proíbe ou autoriza. Para este importante autor, tais proposições podem ser gerais, menos gerais ou concretas. Contudo, Dworkin observa como juristas e juízes, bem como as pessoas em geral, pressupõem que pelo menos algumas das proposições jurídicas podem ser verdadeiras ou falsas. Os advogados falam sobre aquilo que a lei "diz", ou se a lei é "muda" sobre esta ou aquela questão. Isto, porém, para Dworkin são apenas figuras de retórica.

Segundo Dworkin todos pensam que as proposições jurídicas em estudo são verdadeiras ou falsas (ou nem uma coisa nem a outra) em virtude de outros tipos mais conhecidos de proposições, das quais as proposições jurídicas são parasitárias. Essas proposições mais conhecidas oferecem aquilo que Dworkin chama de "fundamentos" do direito. Assim, a proposição de que ninguém pode dirigir a mais de 90 quilômetros por

[53] BOBBIO, Norberto. *Teoria da norma jurídica.* Op. cit., p. 73.
[54] DWORKIN, Ronald. *O Império do Direito.* Trad. Jefferson Luiz Camargo. São Paulo: Martins Fonte, 1999, p. 6-46.

hora na Califórnia é verdadeira, pensa a maior parte das pessoas, porque a maioria dos legisladores daquele estado disse "sim", ou levantou a mão quando um texto sobre o assunto veio parar em suas mesas. Podia não ser verdadeira se nada disso tivesse acontecido.

Dworkin parece haver-se decidido pela escolha do caminho da **correspondência empírica** das proposições em vez da defesa do rigor lógico. Talvez essa seja a causa pela qual o destacado autor insiste na distinção de duas maneiras pelas quais advogados e juízes poderiam divergir a propósito da verdade de uma proposição jurídica. Segundo o autor, eles poderiam estar de acordo sobre os fundamentos do direito, sobre quando a verdade ou falsidade de outras proposições mais conhecidas torna uma proposição jurídica específica verdadeira ou falsa, mas poderiam divergir por não saberem se, de fato, aqueles fundamentos foram observados em um determinado caso.

Assim, Dworkin destaca a *divergência empírica* e a *divergência teórica* sobre o direito; na primeira, referida ao fato de discordarem quanto às palavras do código (leis) da mesma forma que divergem sobre quaisquer outras questões de fato; a segunda é a divergência quanto aos fundamentos do direito. De fato, como afirma o autor, os juristas muitas vezes divergem, entre outras coisas, sobre o que o direito realmente é. Essa, em nossa opinião, seria a origem de todas as demais divergências.

Quanto às teorias semânticas, Dworkin afirmaria que elas pressupõem que os advogados e juízes usam basicamente os mesmos critérios (embora estes sejam ocultos e passem despercebidos) para decidir quando as proposições jurídicas são falsas ou verdadeiras; elas pressupõem que os advogados realmente estejam de acordo quanto aos fundamentos do direito. Essas teorias divergem sobre quais critérios os advogados de fato compartilham e sobre os fundamentos que esses critérios na verdade estipulam. As teorias semânticas mais influentes sustentam que os critérios comuns levam a verdade das proposições jurídicas a depender de certos eventos históricos específicos. Essas teorias positivistas, como são chamadas, sustentam o ponto de vista do direito como simples questão de fato, aquele segundo o qual a verdadeira divergência sobre a natureza do direito deve ser uma divergência empírica sobre a história das instituições jurídicas. As teorias positivistas, contudo, diferem entre si sobre quais fatos históricos são cruciais, e duas versões têm sido particularmente importantes na doutrina britânica. John Austin (advogado e acadêmico inglês do século XIX) afirmaria que uma proposição jurídica é verdadeira no interior de uma determinada sociedade política desde que transmita, corretamente, o comando precedente de alguma pessoa ou grupo numa posição social e soberana.

Também, ensina Dworkin que a mais importante e fundamental reformulação dessa ideia encontrou-se na obra *The Concept of Law* (O conceito do direito), de H. L. A. Hart, onde o autor refutou a teoria que sustenta que a autoridade jurídica é um fato puramente físico de comando e obediência habituais e afirmaria que os verdadeiros fundamentos do direito se encontram na aceitação, por parte da comunidade como um todo, de uma regra-mestra fundamental que ele chamou de regra de reconhecimento que atribui a pessoas ou grupos específicos a autoridade de criar leis. Assim, as proposições jurídicas não são verdadeiras apenas em virtude da autoridade de pessoas que costumam ser obedecidas, mas, fundamentalmente, em virtude de **convenções sociais** que representam a aceitação, pela comunidade, de um sistema de regras que outorga a tais indivíduos ou grupos o poder de criar leis válidas.

A respeito da citada obra de Hart (O conceito do direito)[55] afirmaria o autor que o que as autoridades fazem a respeito dos litígios é o próprio direito [...] a legislação é fonte do direito e não o próprio direito. Essas são apenas algumas das muitas afirmações e negações sobre a natureza do direito que podem parecer, pelo menos à primeira vista, estranhas e paradoxais. Mas, é evidente que a legislação faz parte do direito; é pelo menos um ramo do direito, mesmo que existam outras. É claro que o direito não pode ser apenas o que as autoridades fazem ou o que os tribunais vão decidir, uma vez que é o direito que cria uma autoridade ou um tribunal.

A resposta de Hart gera outros debates que retomam os chamados fundamentos do direito, em lugar de se discutir o valor das proposições. Tais debates, de fato, estimulam a revisão de outras importantes obras[56] que, por razões de espaço e conveniência, na presente pesquisa não serão objeto de análise específica, mas apenas referidas.

Com efeito, como pensa Dworkin, as teorias semânticas sustentam que os

---

[55] HART. H. L. A. *O conceito do direito*; pós-escrito organizado por Penelope A. Bullock e Joseph Raz; tradução de Antônio de Oliveira Sette-Câmara; revisão da tradução Marcelo Brandão Cipolla; revisão técnica Luiz Vergílio Dalla-Rosa. São Paulo: Editora WMF Martins Fontes, 2009, p. 2.

[56] Considerem-se as seguintes: HOBBES Thomas. *Leviatã, ou A matéria, forma e poder de um estado eclesiástico e civil.* Trad. Alex Marins. São Paulo: Martin Claret, 2003, p. 127-196. Também de HOBBES Thomas. *Leviatã, ou A matéria, forma e poder de um estado eclesiástico e civil.* Trad. Rosina D'Angina. São Paulo: Ícone, 2000. p. 123-230. Também de HOBBES, Thomas. *Do Cidadão.* Trad. Renato Janine Ribeiro. 3. ed. São Paulo: Martins Fontes, 2002, p. 25, 91-101. e finalmente, de LOCKE, John. *Segundo Tratado Sobre o Governo.* São Paulo: Martin Claret. 2002, p. 65-109.

juristas seguem critérios que não são inteiramente factuais, mas, pelo menos até certo ponto, morais, para decidirem que proposições jurídicas são verdadeiras. A mais radical dessas teorias, continuando com o autor, ressalta que o direito e a justiça são idênticos, de tal modo que nenhuma proposição jurídica injusta pode ser verdadeira. Para Dworkin essa teoria radical é bastante implausível enquanto teoria semântica, pois os advogados frequentemente falam de maneira que a contradiz. Assim, por exemplo, na Grã-Bretanha e nos Estados Unidos, muitos juristas consideram o imposto de renda progressivo injusto, mas nenhum deles põe em dúvida o fato de que a lei desses países fixa o imposto a taxas progressivas.

Alf Ross[57], outro prestigioso representante da jusfilosofia mundial, se interessaria por uma epistemologia que designa a compreensão das classes de proposições válidas cientificamente. De acordo com o autor, esse deve ser o verdadeiro caminho científico para a análise e conhecimento do direito. Desta forma, atribui um significado à expressão linguística, por ele entendida como uma organização consciente da linguagem na utilização real, oral ou escrita. Assim, seria imperioso fazer uma distinção entre expressão e significado, visto que expressões diferentes podem ter o mesmo significado, bem como uma mesma expressão pode, de acordo com as circunstâncias, ter variados significados. Ross pretendia perfazer o caminho científico do direito seguindo um esquema proposicional que consideraria decisivo para considerar o direito como uma verdadeira ciência.

Ensina-nos o citado autor que "certas expressões linguísticas possuem, adicionalmente, um significado representativo, quer dizer, a expressão *indica*, *simboliza* ou *representa* um estado de coisas". Não se trata, porém, de uma relação causal, mas lógica. Nesse sentido seria possível distinguir entre expressões que têm tanto significado expressivo quanto representativo e expressões que têm apenas significado expressivo. Em conformidade com isso, o autor confirmaria a existência de três tipos de expressões linguísticas, a saber:

1. *Asserções,* expressões com significado representativo;

2. *Exclamações*, expressões sem significado representativo e sem intenção de exercer influência; e

3. *Diretivas*, expressões sem significado representativo, mas com intenção de

---

[57] ROSS, Alf. *Direito e Justiça*. Op. cit., p. 29-33.

exercer influência.

Considerando tais antecedentes, Ross, ao formular a pergunta: a qual dessas categorias pertencem as orações encontradas nas regras jurídicas? responderia parecer óbvio que devam ser diretivas, e não exclamações nem asserções, pois as leis não são promulgadas a fim de comunicar verdades teóricas, mas sim a fim de dirigir as pessoas – tanto juízes quanto cidadãos particulares – no sentido de agirem de uma certa maneira desejada. Desta forma, ficaria claro que as regras jurídicas, por seu teor lógico, são diretivas quando notamos que há regras jurídicas que contêm expressões comumente usadas em diretivas. É o caso, por exemplo, de normas penais que expressam que qualquer pessoa, sob certas condições, "deverá ser punida" de um certo modo e, no direito civil, regras que expressam que uma pessoa "tem de" ou "pode" fazer ou não fazer alguma coisa[58].

De acordo com Ross, o mesmo vale para a regra jurídica que se nos apresenta gramaticalmente no modo indicativo e aparentemente contém uma descrição (asserção), pois não pode haver dúvida de que o seu significado lógico não consiste em informar sobre fatos, mas sim prescrever um comportamento. Ross também se preocupa com a compreensão das proposições vistas num livro de direito e, apesar de reconhecer que certamente existe uma similitude entre elas e as normas jurídicas, destaca diferenças no significado lógico de tais construções nos dois contextos (explicativo e prescritivo). De acordo com o autor, não restaria dúvida de que as proposições num livro, pelo menos num certo grau, pretendem descrever, não prescrever. Na medida em que a literatura jurídica pretende ser conhecimento do que é efetivamente o direito vigente, tem que consistir em asserções, não em diretivas. Toda proposição de um livro, diz o autor, precisa ser entendida sob a condição geral de que o autor está expondo o direito vigorante dentro de um sistema legal específico. Nesse sentido, é evidente a diferença entre as normas jurídicas e as proposições doutrinárias dos livros. As primeiras são diretivas (alógicas), as segundas asserções (lógicas). Ainda o nosso autor declara que se não se tiver em mente essa diversidade com clareza e se as normas jurídicas forem colocadas no mesmo plano das proposições doutrinárias que a elas se referem, disto resultará necessariamente uma visão distorcida de umas e de outras.

---

[58] Ibid., p. 29.

De acordo com Ross seria igualmente importante para a filosofia do direito operar com um termo que distinga claramente o conhecimento do direito do próprio direito. Em relação ao conhecimento do direito o autor propõe a expressão *doctrinal study of law* ("ciência do direito").

A respeito do tema, Karl Larenz[59] considera que a "ciência do direito" é apenas um determinado tipo de ciência do direito, isto é, a ciência jurídica que se orienta principalmente pela lei (ou, se se preferir, pela "proposição jurídica") e não pelos casos já decididos. De acordo com o autor tal ciência aparece como um processo intelectual multímodo, cujo resultado repercute no conteúdo da própria proposição jurídica.

Assim, Larenz observa que o homem depara com o que tem relevância jurídica no quadro da sua experiência quotidiana e aprende a conhecer o seu significado jurídico. Assim, de acordo com o autor, termos que exprimem o normativo cobram a linguagem da Jurisprudência um significado mais preciso do que o que têm na linguagem corrente e geral. Desta forma, Larenz, apoiando-se na filosofia do último Wittgenstein, observa que um termo pode significar algo completamente distinto, conforme o contexto em que é usado, ainda que expresse uma realidade normativa ou factual. Portanto, os enunciados sobre o mundo das normas têm de ser considerados como um "jogo de linguagem" particular.

De acordo com o citado autor, para interpretar corretamente uma definição (entenda-se proposição) demonstrativa devemos saber de antemão que papel deve desempenhar realmente a palavra, toda vez que o papel dos termos num jogo de linguagem não é assim apreensível com o mero recurso a uma definição. E especialmente não se pode apreender o significado de um termo no contexto de um jogo de linguagem mediante a remissão para o seu significado num jogo de linguagem distinto. Em todo caso, afirma Larenz, pode-se dizer que o papel de uma palavra corresponde ao de uma outra noutro jogo de linguagem. Assim, por exemplo, a validade em sentido normativo exprime a efetividade da norma em sentido sociológico, mas não se podem interdefinir ambos os termos. Não se pode definir o *dever ser* mediante expressões do domínio do fático, como expectativa (de uma sanção) ou poder (mediante imposição), mesmo quando ambas as dimensões aparecem interligadas, uma vez que uma e outra não querem dizer a mesma coisa. Temos de ter assim em conta, de modo

[59] LARENZ, Karl. *Metodologia da Ciência do Direito.* 2. ed. Trad. de José Lamego. Lisboa: Fundação Calouste Gulbenkian, 1983 (ver prefácio à primeira edição e p. 236-241).

muito preciso, em que sentido é que se usa um termo, para que não se "saia" de modo inconsciente de um jogo de linguagem, o que significa sempre uma confusão de conceito. O autor entenderia o jogo de linguagem como o modo especial por meio do qual se fala de determinado setor de coisas ou âmbito de experiência. Para o autor tais setores seriam, por exemplo, a natureza inanimada e viva, a técnica, a arte, ou mesmo o Direito. Contudo, se numa linguagem fala-se sempre sobre algo, na linguagem jurídica, isto é, normativa, o direito é a coisa da qual se fala.

Por sua vez, Jürgen Habermas[60] nos ensina que todo pensamento tem como conteúdo um determinado estado de coisas que pode expressar-se em uma oração enunciativa. Mas, esse conteúdo enunciativo exige uma ulterior determinação: caberia perguntar se é verdadeiro ou falso. Assim sendo, afirma o autor, quando tais pensamentos se convertem em objetos ideais, as relações entre os mundos, tanto a relação de exposição de fatos, como a relação de apreensão e valoração de pensamentos, designa árduos problemas ainda não resolvidos pela semântica formal.

Para nosso autor, na prática comunicativa contemporânea entram em jogo todas as funções que a linguagem, isto é, todas as relações que a linguagem guarda com o mundo, de sorte que a visão de validade se amplia junto às pretensões de verdade proposicional. Desta forma, a linguagem aparece como fonte primária de integração social. Assim sendo, o processo de produção de normas constitui o sistema jurídico e, portanto, o autêntico lugar da integração social, o que faz que, em princípio, todas as normas e valores fiquem expostos a um exame crítico. Habermas entende por sistema jurídico, em sentido lato, os sistemas de ação juridicamente regulamentados por meio de normas, nos quais um âmbito nuclear de geração privado-autônomo de atos jurídicos constitui, em termos de direito reflexivo, as normas jurídicas materiais.

Habermas considera existir uma discussão crítica acerca da aceitação de proposições ou juízos, que inclui um tríplice uso da linguagem: o *descritivo*, para descrever estados de coisas; o *postulatório* para fixar regras de procedimento; e o *crítico* para justificar tais decisões. Estas formas de linguagem se pressupõem umas e outras logicamente. O uso descritivo não se restringe aqui a uma determinada classe de fatos; o uso postulatório compreende a fixação de normas, de critérios e de definições de todo tipo, quer regras práticas, lógicas ou metodológicas.

---

[60] HABERMAS, Jürgen. *Facticidad y validez.* Madri: Trotta, 1998, p. 74, 75, 78, 79, 94, 100, 269, 308, 328, 329.

Para Habermas, o valor descritivo das informações científicas, por exemplo, está fora de toda dúvida; mas não devemos entender tal valor como sendo um reflexo dos fatos e das relações entre fatos. O conteúdo descritivo só é válido por fazer referência a prognósticos. Daí que todas as respostas que as ciências experimentais podem dar são relativas ao sentido metodológico de seu problema. A respeito da distinção entre proposições normativas e científicas o autor afirmaria que um comportamento governado por normas não é igual a um comportamento governado pelas leis da natureza. Uma norma pode ser quebrantada, uma lei da natureza não pode ser mudada em absoluto. Uma norma pode ser correta ou incorreta; uma suposta lei da natureza fica refutada quando seus prognósticos resultem incorretos[61].

3.1.2 Proposições avaliativas: enunciados valorativos

A proposição avaliativa ou o enunciado valorativo é uma espécie de proposição por meio da qual reconhecemos as teses, regras, normas, leis, sistemas (ou ordenamentos jurídicos) como boas (ou ruins), justas (ou injustas), convenientes (ou inconvenientes), adequadas (ou inadequadas), segundo a persuasão do nosso espírito. É o tipo de verdade que se faz derivar do justo e do bom.

Tais proposições se expressa na forma de juízos de valor (éticos, estéticos) feitos, observando-se uma qualidade nas pessoas ou objeto (fenômenos e coisas). Eis a chamada *verdade moral* que pode consistir em reconhecer as coisas segundo a persuasão do nosso espírito e de uma verdade derivada do *justo* e do *bom*. Vejam-se os seguintes exemplos: "*a venda de bebidas alcoólicas e tabacos para menores, além de ilegal, é imoral*", "*a exploração do trabalho infantil é injusta*" ou "*é indevido deixar de pagar os impostos*".

Pois bem, v*alorativa* é uma espécie de proposição por meio da qual reconhecemos as teses, regras, normas, leis, sistemas (ou ordenamentos jurídicos) como *boas* (ou ruins), *justas* (ou injustas), convenientes (ou inconvenientes), adequadas (ou inadequadas), segundo a persuasão do nosso espírito. É o tipo de verdade que se faz derivar do *justo* e do *bom*.

Todavia, as proposições desta espécie costumam ser subdivididas da seguinte forma:

---

[61] Ibid., p. 55, 213.

a) Atributivas ou *categóricas*: Aquelas nas quais se reserva um predicado para um sujeito, afirmando ou negando seu caráter. Exemplo: "*A norma jurídica 'A' é válida*"; "*'B' é um instrumento jurídico ineficaz*";

b) Modais: Proposição em que a afirmação ou negação é modificada por um dos quatros modos, a saber, *provável, contingente, impossível* e *necessário*. Vejam-se os seguintes exemplos: "*É provável que o decreto B futuramente venha a ser ineficaz socialmente*"; "*Pode acontecer que a criminalidade no Estado de São Paulo diminua no próximo quinquênio*" (contingente, isto é, que depende das circunstâncias); "*É impossível que o desemprego seja realmente a única causa do aumento da criminalidade no Estado de São Paulo*"; e "*É necessário que se tomem medidas para reduzir a criminalidade no Estado de São Paulo*".

- Critérios interpretativos

A interpretação dos enunciados valorativos deve-se desenvolver levando em conta a análise da maior ou menor correspondência do seu conteúdo com a os valores últimos ou finais convencionados socialmente.

Conforme explica Habermas[62], o uso crítico utiliza argumentos para sopesar, valorar, julgar e justificar uma dada eleição. Desta forma, nenhum enunciado acerca do real é suscetível de exame racional sem que fique explícito um nexo entre argumentos e atitudes. De acordo com o autor, a linguagem universal tem uma estrutura atomística: toda proposição complexa pode se reduzir a proposições elementares. Assim, os valores de verdade das proposições dependem dos valores de verdade de seus argumentos.

Na obra de R. M. Hare[63] (*A linguagem da moral*) constatamos a tese de que a linguagem da moral é uma espécie de linguagem prescritiva que pode ser classificada da seguinte forma: 1. Imperativos (singulares e universais) e, 2. Juízos de Valor (não-morais e morais). Hare discute um tipo de linguagem prescritiva que está mais intimamente relacionado com a linguagem da moral do que o imperativo simples. É a linguagem dos juízos de valor não-morais, todas as sentenças que contêm palavras como "dever", "certo" e "bom". Assim, o citado autor reconhece que existem diferenças entre afirmações e comando e que tanto os comandos quanto as afirmações podem

---

[62] HABERMAS, Jürgen. *Facticidad y validez*. Madri: Trotta, 1998, p. 74, 75, 78, 79, 94, 100, 269, 308, 328, 329.

[63] HARE, R.M. *A linguagem da moral*. Trad. Eduardo Pereira e Ferreira. São Paulo: Martins Fontes, 1996, p. 3 – 40.

contradizer-se. Daí que, para dizer qualquer coisa, temos de obedecer a determinadas regras lógicas. Se alguma ciência tem como objetivo dar-nos conclusões substanciais sobre questões de fato, então, se seu método é dedutivo, essas conclusões devem estar implícitas nas premissas.

De acordo com Hare há dois tipos de coisas que podemos dizer; o primeiro tipo é geralmente chamado *descritivo*, o segundo tipo *avaliatório* (valorativo). Como exemplos do primeiro tipo de comentário cita: "*Este morango é doce*" e "*Este morango é grande, vermelho e suculento*". Como exemplos do segundo tipo de comentário o autor destaca os seguintes: "*Este é um bom morango*" e "*Este morango é justamente como os morangos devem ser*". Assim, para Hare,

> O problema também pode ser colocado desta forma: se conhecêssemos todas as propriedades descritivas que tinha um morango particular (se soubéssemos, de cada sentença descritiva relacionada ao morango, se são verdadeiras ou falsas) e, se soubéssemos também o significado da palavra "bom", então, o que mais precisaríamos saber para sermos capazes de dizer se um morango é bom ou não? Uma vez colocada a questão dessa forma, a resposta deveria ser evidente. Precisaríamos saber quais são os critérios em virtude dos quais um morango deve ser chamado bom, quais são as características que tornam bom um morango, ou qual é o padrão de bondade em morangos[64].

Quanto à prescrição Hare afirma que a palavra *dever* é usada para prescrever, mas já que a prescrição pode ser de mais de um tipo, seria necessário fazer distinções e assim, em vários exemplos, destaca as palavras e frases: use, deve sempre usar, deve usar etc.

Como visto, as proposições do tipo descritivas e avaliativas têm um referente específicos, por se relacionarem com um estado coisas, assim como também o significado das palavras usadas nelas, também se relacionam com os próprios objetos de denotam, por exemplo:

P1 Esta canta é azul. (P. descritiva)

P2 Esta é uma boa caneta. (P. avaliativa)

Contudo, devido a sua relação com uma ideia (boa) ou com uma qualidade (azul), as proposições podem ser *analíticas*, aquelas cuja verdade ou falsidade é determinada pela mera análise <u>semântica</u> (o que é bom) ou <u>sintética</u> das palavras que a

---

[64] Ibid., p. 119-120, 165.

expressam e, "em última instancia, pela aplicação das leis lógicas"[65]. Por exemplo, a proposição: "*os direitos do homem são direitos universais*" é uma proposição analítica, visto que implica aceitar que o significado da palavra "homem" inclua todo um universo maior: mulheres, idosos, crianças, índios, pobres, ricos etc. para que ela seja considerada verdadeira. Tal proposição sem esclarecimento ou explicação parece ser contraditória, por esse motivo, sua verdade ou falsidade depende da sua irrefutabilidade, elas são construídas argumentativamente, "visto que se mantém independentemente de como é a realidade e se é detectada *a priori* de toda verificação empírica"[66].

Por outro lado, as proposições não analíticas são denominadas *sintéticas*, aquelas cuja verdade ou falsidade não é determinada pala mera análise dos enunciados, nem pela aplicação de leis lógicas. Essas proposições não são contraditórias, nem sua negação constitui uma contradição. Exemplo como "a porta está aberta" ou "agora está chovendo" são proposições que guardam relação com a realidade (concordâncias).

Todavia, algumas proposições sintéticas contém uma verdade necessária, que não depende dos acidentes que possam ou não acontecer empiricamente (na realidade) e que é conhecida *a priori* de toda experiencia sensorial (sensível), por exemplo, pela intuição[67].

3.1.3 Proposições prescritivas: enunciados normativos

Os enunciados normativos são verdadeiras proposições prescritivas que tem por finalidade ordenar a convivência social. Esses enunciados são objeto de interpretação por ter como principal a de estar vinculada com certos usos da linguagem.

Disso não se infere, explica Carlos Nino[68], que para uma norma existir deva ter sido realizado necessariamente um ato linguístico. Muitas vezes, as normas não são verbalizadas, mas sim pressupostas implicitamente quando se reage em certo sentido perante determinadas circunstâncias, acontece assim, por exemplo, com as normas consuetudinárias. No caso específico que mais nos interessa, a norma jurídica é sempre expressável mediante enunciados linguísticos.

---

65 NINO, Carlos Santiago. *Introdução à análise do direito*. Trad. Elza Maria Gasparotto; revisão da tradução Denise Matos Marino. São Paulo: Editora WMF Martins Fontes, 2010, p. 303.
66 NINO, Carlos Santiago. *Introdução à análise do direito*. Trad. Elza Maria Gasparotto; revisão da tradução Denise Matos Marino. São Paulo: Editora WMF Martins Fontes, 2010, p. 303.
67 NINO, Carlos Santiago. *Introdução à análise do direito*. Trad. Elza Maria Gasparotto; revisão da tradução Denise Matos Marino. São Paulo: Editora WMF Martins Fontes, 2010, p. 304-305.
68 NINO, Carlos Santiago. *Introdução à análise do direito*. Trad. Elza Maria Gasparotto; revisão da tradução Denise Matos Marino. São Paulo: Editora WMF Martins Fontes, 2010, p. 289.

Certamente, a função prescritiva, própria da linguagem normativa, consiste em ordenar a convivência, comandar e modificar o comportamento humano. Diz-se, assim, de proposições por meio das quais se pretende exercer influência no comportamento individual (de cada homem) ou coletivo (da sociedade). Tais proposições são também chamadas de práticas por constituírem preceitos normativos por meio dos quais o aparato legislativo estabelece (dispõe) não *o que é*, mas o que *deve ser* ou *não deve ser* feito. As proposições prescritivas se caracterizam por serem *válidas* ou *não válidas*, *eficazes* ou *ineficazes*, *justas* ou *injustas* etc., e nunca *verdadeiras* ou *falsas*. No entanto, a forma geralmente usada na sua construção poderá ser, muitas vezes, similar às formas das proposições que dizem o que é. Exemplos:

- "*A* é *B*", por exemplo: "*O domicílio da pessoa natural é o lugar onde ela estabelece a sua residência com ânimo definitivo*" (Art. 70 do Código Civil Brasileiro Brasileiro).

- "Se *A*, deve ser *B*", por exemplo: "*Os negócios jurídicos devem ser interpretados conforme a boa-fé e os usos do lugar de sua celebração*" (Art. 113 do Código Civil Brasileiro Brasileiro).

- "Se *A*, então *B*", por exemplo: "*Se a administração da pessoa jurídica vier a faltar, o juiz, a requerimento de qualquer interessado, nomear-lhe-á administrado provisório*" (Art. 49 do Código Civil Brasileiro Brasileiro).

Existem, porém, outros tipos de normas que não se confundem com as jurídicas porque para elas, no direito, não encontramos consequência aplicável, tais são as normas morais, religiosas, técnicas, artísticas, gramaticais, de etiqueta etc.

Na doutrina nacional e internacional, alguns autores preferem distinguir as "regras" das "prescrições" e estas das "diretrizes". Costuma-se falar de: a) *regras* dos jogos, da gramática, da lógica e da matemática; b) *prescrições*, como aquelas que ordenam, proíbem, ou permitem uma dada conduta; c) *diretrizes,* como normas técnicas que servem de meio para atingir determinados fins (ex. Se você deseja *X* faça *Y*).

Nesse grupo encontramos diferentes espécies de proposições, cuja importância é fundamental para o direito. De acordo com as modalidades básicas da conduta, as proposições normativas ou prescritivas são geralmente vistas como:

a) Imperativas, aquelas que impõem uma determinada ação ou omissão, por exemplo:

- "Não podem casar:

I- os ascendentes com os descendentes, seja o parentesco natural ou civil;

[...]".

"Parágrafo único. Se o juiz, ou o oficial de registro, tiver conhecimento da existência de algum impedimento, será obrigado a declará-lo" (Artigos 1.521 e 1.522 do Código Civil Brasileiro).

- "Os pais têm o dever de dar alimentos a seus filhos e assisti-los na defesa de seus legítimos interesses e na realização de suas justas aspirações; assim como o de contribuir ativamente para a sua educação e formação integral como cidadãos úteis e preparados para a vida [...]. Os filhos, por sua vez, estão obrigados a respeitar e a ajudar a seus pais" (Artigo 38 da Constituição da República de Cuba).

- "O direito à prestação de alimentos é recíproco entre pais e filhos, e extensivo a todos os ascendentes, recaindo a obrigação nos mais próximos em grau, uns em falta de outros" (Artigos 1.696 do Código Civil Brasileiro).

b) Permissivas, espécies de comandos por meio do qual se permite executar determinada ação (atividade) previamente considerada jurídica (ou legal), impondo consequentes deveres, por exemplo: "*O casamento pode celebrar-se mediante procuração, por instrumento público, com poderes especiais*" (Art. 1.542 do Código Civil Brasileiro).

c) Proibitivas, espécie por meio das quais se proíbe fazer, isto é executar alguma atividade previamente considerada antijurídica (ilícita), por exemplo: "*É proibida toda publicidade enganosa ou abusiva*" (Art. 37 do Código de Defesa do Consumidor Brasileiro).

d) Operativas, tipos de prescrições que estabelecem requisitos para a execução dos diferentes atos jurídicos, com o intuito de que sejam válidos para o direito vigente. Exemplos:

"*A oferta e apresentação de produtos ou serviços devem assegurar informações corretas, claras, precisas, ostensivas e em língua portuguesa sobre suas características, qualidade, quantidade, composição, preço, garantia, prazos de validade e origem, entre outros dados, bem como sobre os riscos que apresentam à saúde e segurança dos consumidores*" (Art. 31 do Código de Defesa do Consumidor Brasileiro).

e) Hipotéticas, tipos de prescrições nas quais se torna muito mais evidente os pressupostos comumente chamados de hipóteses jurídicas. Exemplos:

- "*Constituem crimes contra as relações de consumo previstas neste Código, sem prejuízo do disposto no Código Penal e leis especiais, as condutas tipificadas nos artigos seguintes*" (Art. 61 do Código de Defesa do Consumidor Brasileiro).

- "*A personalidade civil da pessoa começa do nascimento com vida; mas a lei põe a salvo, desde a concepção, os direitos do nascituro*" (Art. 2º do Código Civil Brasileiro).

f) Programáticas ou *diretrizes*, prescrições que fixam condições gerais ou diretrizes que são destinadas ao cumprimento, à garantia e à proteção dos interesses do Estado e da sociedade em geral, por exemplo:

"*As pessoas jurídicas de direito público e as de direito privado, prestadoras de serviços públicos, responderão pelos danos que seus agentes, nessa qualidade, causarem a terceiros, assegurado o direito de regresso contra o responsável nos casos de dolo ou culpa*" (Artigo 37, § 6º, da Constituição da República Federativa do Brasil).

g) Prescrições que expressam valores superiores de um ordenamento jurídico, geralmente referidas ao estabelecimento e respeito dos valores que se encontram acima das disposições jurídicas. Exemplos:

- "*Todos são iguais perante a lei, sem distinção de qualquer natureza, garantindo-se aos brasileiros e aos estrangeiros residentes no País a inviolabilidade do direito à vida, à liberdade, à igualdade, à segurança e à propriedade (...)*" (Artigo 5º da Constituição da República Federativa do Brasil).

- "*Toda pessoa é capaz de direitos e deveres na ordem civil*" (Artigo 1º do Código Civil Brasileiro).

h) Prescrições que orientam a seleção da norma aplicável, por meio das quais se indicam determinadas condições destinadas à interpretação e seleção necessárias para a aplicação das demais normas. Algumas delas já citadas no primeiro precedente. Exemplos:

- *"A lei posterior revoga a anterior quando expressamente o declare, quando seja com ela incompatível ou quando regule inteiramente a matéria de que tratava a lei anterior"* (Art. 2º § 1º da Lei de Introdução às Normas do Direito Brasileiro).

- "*A lei nova, que estabeleça disposições gerais ou especiais a par das já existentes, não revoga nem modifica a lei anterior*" (Art. 2º § 2º da Lei de Introdução às Normas do Direito Brasileiro).

i) Prescrições que orientam o processo de interpretação e aplicação das normas jurídicas, por meio das quais o legislador nos indica a forma como as normas devem ser interpretadas ou aplicadas. Exemplos:

- *"Nas declarações de vontade se atenderá mais à intenção nelas consubstanciada do que ao sentido literal da linguagem"* (Art. 112 do Código Civil Brasileiro).

- *"As cláusulas contratuais serão interpretadas da maneira mais favorável ao consumidor"* (Artigo 47 do Código de Defesa do Consumidor Brasileiro).

- *Quando a lei for omissa, o juiz decidirá o caso de acordo com a analogia, os costumes e os princípios gerais de direito* (Art. 4º da Lei de Introdução às Normas do Direito Brasileiro).

- *Na aplicação da lei, o juiz atenderá aos fins sociais a que ela se dirige e às exigências do bem comum* (Art. 5º da Lei de Introdução às Normas do Direito Brasileiro).

- *"Os negócios jurídicos devem ser interpretados conforme a boa-fé e os usos do lugar de sua celebração"* (Art. 113 do Código Civil Brasileiro)

j) Máximas, axiomas ou aforismos jurídicos, verdadeiros brocardos que designam proposições evidentes por si mesmas; pois, como bem afirma Carlos Maximiliano[69], "dispensam esclarecimentos e demonstrações".

- Critérios interpretativos

A interpretação das proposições prescritivas ou (enunciados normativos) deve-se desenvolver levando em conta a análise, primeiro, da vigência, da coerência e da sistemática do texto (norma), sem deixar de considerar as condições sociais e valorativas que sustentam o comando e legitima uma decisão.

Isto porque conforme ensinamentos de Jürgen Habermas[70] toda norma "apreende" uma situação complexa do mundo da vida em termos seletivos, isto é, na perspectiva da relevância que a própria norma se encarrega de fixar previamente. Mas, o estado de coisas constituído pela norma nunca esgota o vago conteúdo semântico de uma norma geral. É uma relação evidentemente circular que assinala um problema metodológico que toda teoria do direito tem que esclarecer. Independentemente da relação circular existente entre as normas jurídicas e o estado de coisas, a valorações jurídicas parecem ser decisivas como variante de interpretação e referência aos fatos. De acordo com o autor, as normas e valores se distinguem, pois, primeiro, pela referência que, respectivamente, fazem à ação "deontológica", ou seja, à ação sujeita a obrigações, e à ação teleológica; segundo, pela codificação, binária e gradual de sua pretensão de validade; terceiro, pelo tipo de caráter vinculante, absoluto no caso das normas, e relativo no caso dos valores; e, quarto, pelos critérios que satisfazem aos sistemas de normas, por um lado, e aos sistemas de valores, por outro. Isto porque as normas e os valores se distinguem nas suas propriedades lógicas e de aplicação. Assim, os princípios ou normas de ordem superior, por meio dos quais podem-se justificar outras normas, têm um sentido deontológico. Já os valores têm um sentido teleológico.

Assim, Habermas[71], no Capítulo IX (Paradigmas do Direito) da sua obra *Facticidad e Validez*, afirmaria a existência de proposições normativas ao reconhecer

---

[69] MAXIMILIANO, Carlos. *Hermenêutica e aplicação do direito.* Op. cit., p. 196.

[70] HABERMAS, Jürgen. *Facticidad y validez.* Madri: Trotta, 1998, p. 74, 75, 78, 79, 94, 100, 269, 308, 328, 329.

[71] Ibid., p. 469.

que desde as grandes codificações do século XVIII o direito vigente resulta primariamente apreensível na forma de textos: as proposições normativas contidas nos códigos informam as normas vigentes. Tais proposições normativas constituem a base da jurisprudência. E, a partir delas a dogmática jurídica se esforça por interpretar o direito vigente. Já, a teoria do direito e a história do direito cultivam uma ulterior objetivação da compreensão de textos legais e sistemas de regras, se bem que em direções opostas. Fica claro que os especialistas não só interpretam as distintas proposições normativas a partir do contexto que tais proposições têm no corpus do direito considerado em conjunto, mas também a partir de uma pré-compreensão da sociedade contemporânea, a qual resulta regente do trabalho de interpretação.

Acerca da distinção entre norma e enunciado Jürgen Habermas[72], na sua obra *La lógica de las ciencias sociales*, também reconheceria que os enunciados por meio dos quais aceitamos ou rejeitamos, aprovamos ou reprovamos normas sociais são "proposições" que não podem ser empiricamente nem verdadeiras nem falsas. Tais juízos têm por base o conhecimento e ou a decisão. Ora, o sentido das normas sociais não depende das leis fáticas na natureza, o conteúdo normativo dos juízos de valor não pode deduzir-se do conteúdo descritivo das constatações de fatos, tampouco o conteúdo descritivo pode ser deduzido do normativo. Assim, concordando com Hare, Habermas reafirma que neste modelo, as esferas do *ser* e do *dever* estão estritamente separadas, as orações da linguagem descritiva não podem traduzir-se em uma linguagem prescritiva. Os juízos de valor, afirma o citado autor, não podem nunca legitimamente tomar a forma de enunciados teoréticos ou associar-se num complexo concluinte.

Pois, bem, do ponto de vista formal, uma norma também é uma proposição, isto é, um conjunto de palavras que têm um significado. Um Código, uma Constituição, são um conjunto de proposições formuladas com enunciados diversos. Trata-se, pois, de saber qual é o estatuto das proposições que compõem um Código, uma Constituição. Nesse sentido, sustenta-se a tese de que as normas jurídicas pertencem à categoria geral das proposições prescritivas: a norma jurídica é uma proposição cuja função é influir sobre o comportamento alheio para modificá-lo (comando)[73].

---

[72] HABERMAS, Jürgen. *La lógica de las ciencias sociales.* Trad. Manuel Jiménez Redondo. Madri: Tecnos, 1996, p. 33, 206, 207.

[73] BOBBIO, Norberto. *Teoria da norma jurídica.* Trad. Fernando Pavan Baptista e Ariani Bueno Sudatti. São Paulo, Bauru: EDIPRO, 2001.

Independentemente da distinção entre normas e enunciados apresentada na obra do primeiro Kelsen[74], quem preferiria designar os enunciados unicamente para a ciência do direito, podemos considerar que a norma é uma proposição jurídica.

Sabe-se que na obra de Hans Kelsen a norma e enunciado seriam duas coisas distintas. De acordo com o autor, tais seriam dois aspectos que não se devem confundir, pois o enunciado é o sentido de um ato de pensamento (que tem uma significação indicativa ou declarativa) e a norma é o sentido de um ato de vontade intencionalmente dirigido a uma certa conduta humana (que tem uma significação imperativa). Assim, para Kelsen, a função do enunciado é a de fazer outrem, além do enunciante, *saber* algo, enriquecer seus conhecimentos. A função da norma é a de fazer um outro querer algo, de determinar sua vontade, e precisamente fixar, de modo que sua conduta exterior causada por seu querer corresponda à norma. E assim resume, o enunciado é o sentido de um ato do *pensar*, a norma é o sentido de um ato do *querer* dirigido à conduta de outrem. Para Kelsen, um enunciado declara que algo *é*, foi ou será, quer dizer: ele afirma algo como sendo no presente, passado ou futuro. Sua expressão linguística é uma proposição do ser. O sentido de um ato de vontade (que é qualificado como norma) é: que algo deve ser; se ele é o enunciado sobre uma norma. Este enunciado pode ser uma proposição do ser, por sua vez pode ser uma proposição de *dever-ser*[75].

Evidentemente na obra de Kelsen se confunde o conceito "enunciado" com o conceito "proposição" (descritiva ou explicativa) e identifica o conceito "norma" com o conceito "proposição" (prescritiva). Também na sua conhecida obra *Teoria Geral do Direito e do Estado*[22] o próprio autor confirmaria que a tarefa da ciência do direito é descrever o direito de uma comunidade na forma de enunciados, no sentido de que se tais condições forem satisfeitas, então se deve proceder a aplicar uma sanção. Esses enunciados, por meio dos quais a ciência jurídica descreve o direito, afirma Kelsen, não devem ser confundidos com as normas criadas pelas autoridades legislativas. É preferível não chamar de normas esses enunciados, mas de regras jurídicas. As normas jurídicas decretadas pelas autoridades legislativas são prescritivas; as regras de direito formuladas pela ciência jurídica são descritivas. Desta forma, nosso autor ensinaria,

---

[74] KELSEN, Hans. *Teoria Geral das Normas.* Trad. e Rev. de José Florentino Duarte. Porto Alegre, RS: Fabris, 1986, p. 34, 207-208.

[75] KELSEN, Hans. *Teoria Geral das Normas.* Trad. e Rev. de José Florentino Duarte. Porto Alegre, RS: Fabris, 1986, p. 34, 207-208.

[22] KELSEN, Hans. *Teoria Geral do Direito e do Estado.* Trad. Luis Carlos Borges. São Paulo: Martins Fontes, 1998, p. 63.

> o conhecimento jurídico dirige-se a estas normas que possuem o caráter de normas jurídicas e conferem a determinados fatos o caráter de atos jurídicos (ou antijurídicos). Na verdade, o Direito, que constitui o objeto deste conhecimento, é uma ordem normativa da conduta humana, ou seja, um sistema de normas que regulam o comportamento humano. Com o termo "norma" se quer significar que algo deve ser ou acontecer, especialmente que um homem se *deve* conduzir de determinada maneira[76].

Acerca da distinção entre proposição e norma, nota-se um evidente conflito teorético derivado do confronto kelseniano: "*ser*" e "*dever-ser*". De acordo com o citado autor, "ser" e "*dever-ser*" são dois modos essencialmente diferentes um do outro, duas diferentes formas que têm um conteúdo determinado. Nos enunciados, que algo é e algo deve (ser), precisam-se distinguir dois elementos diversos: *que* algo é e o *que* é; *que* algo deve (ser), e o *que* deve (ser). O *que* é e o *que* deve, o conteúdo do ser e o conteúdo do *dever-ser* são um *substrato modalmente indiferente*. Na proposição: "*A* paga sua dívida de jogo", o substrato modalmente indiferente "pagar dívida de jogo" veste-se no modo do ser; na proposição: "*A* deve pagar sua dívida de jogo", o substrato modalmente indiferente "pagar dívida de jogo" veste-se no modo do *deve-ser*. A norma: "*A* deve pagar sua dívida de jogo" dá ao substrato modalmente indiferente o modo do *dever-ser*"[77].

Uma primeira leitura da obra *Teoria Geral das Normas*, nos convida a pensar que em Kelsen a norma é também uma proposição, isto é, "um imperativo ou uma proposição de *dever-ser*"[78]. Nesta obra também é aceita por Kelsen a ideia de que por meio de palavras pronunciadas ou escritas: a expressão linguística de uma norma pode aparecer gramaticalmente com diferentes modos (no modo de um imperativo ou de um mandamento). Para o autor uma norma pode também ser expressa tanto em *proposições de dever-ser* quanto em *proposições do ser* (enunciados). Certamente, com Kelsen se origina um problema terminológico. Primeiro, por afirmar que "a norma pode, mas não precisa ser expressa numa proposição"[79], isto é, numa forma linguística composta de sujeito e predicado. Segundo, ao distinguir uma proposição imperativa de uma proposição de *dever-ser*. Terceiro, ao propor uma distinção entre "normas jurídicas"

---

[76] KELSEN, Hans. *Teoria pura do direito.* Trad. João Baptista Machado. 6. ed. São Paulo: Martins Fontes, 1998, p. 5.
[77] KELSEN, Hans. *Teoria Geral das Normas.* Op. cit., p. 73.
[78] Ibid., p. 2 e 189.
[79] Ibid., p. 190-191.

(disposições estabelecidas pela autoridade do Direito), e "proposições jurídicas" (as formuladas pela Ciência do Direito).

A teoria kelseniana reconhece que os enunciados sobre a lei, as proposições, nas quais a lei é apresentada (descrita), são distintos dos enunciados sobre o ato legiferante ou os atos do processo legislativo. Assim, a ciência do Direito, para Kelsen, contém proposições que são enunciados sobre normas jurídicas. Ela expõe normas jurídicas, descreve normas jurídicas. Essas proposições não são propriamente normas, mas enunciados sobre normas. Como Ciência, a Ciência do Direito apenas pode conhecer e descrever normas a ela dadas, e não estabelecer normas, isto é, prescrever alguma coisa[80]. Nesse sentido, destaca o citado autor:

> na afirmação evidente de que o objeto da ciência jurídica é o Direito, está contida a afirmação – menos evidente – de que são as normas jurídicas o objeto da ciência jurídica, e a conduta humana só o é na medida em que é determinada nas normas jurídicas como pressuposto ou consequência, ou – por outras palavras – na medida em que constitui conteúdo de normas jurídicas[81].

Assim, considera Kelsen que, na medida em que a ciência jurídica apenas apreende a conduta humana enquanto esta constitui conteúdo de normas jurídicas, isto é, enquanto é determinada por normas jurídicas, representa uma interpretação normativa destes fatos de conduta. As proposições ou enunciados nos quais a ciência jurídica descreve estas relações devem, como proposições jurídicas, ser distinguidas das normas jurídicas que são produzidas pelos órgãos jurídicos a fim de por eles serem aplicadas e serem observadas pelos destinatários do Direito. Proposições jurídicas são juízos hipotéticos que enunciam e traduzem que, de conformidade com o sentido de uma ordem jurídica – nacional ou internacional – dada ao conhecimento jurídico, sob certas condições ou pressupostos fixados esse ordenamento, devem intervir certas consequências pelo mesmo ordenamento determinadas. E continua o autor,

> as normas jurídicas, por seu lado, não são juízos, isto é, enunciados sobre um objeto dado ao conhecimento. Elas são antes, de acordo o seu sentido, mandamentos e, como tais, comando, imperativos. Mas não são apenas comandos, pois também são permissões e atribuições de poder ou competência. Em todo o caso, não são – como, por vezes, identificando Direito com ciência jurídica, se afirma – instruções (ensinamentos). O Direito prescreve, permite, confere poder ou competência – não 'ensina' nada. Na

---

[80] Ibid., p. 194-195.
[81] KELSEN, Hans. *Teoria pura do direito.* Op. cit., p. 79.

> medida, porém, em que as normas jurídicas são expressas em linguagem, isto é, em palavras e proposições, podem elas aparecer sob a forma de enunciados do mesmo tipo daqueles através dos quais se constatam fatos [...]. Do que se trata, porém não é da forma verbal, mas do sentido do ato produtor de Direito, do ato que põe a norma. E o sentido deste ato é diferente do sentido da proposição jurídica que descreve o Direito. Na distinção entre proposição jurídica e norma jurídica ganha expressão a distinção que existe entre a função do conhecimento jurídico e a função, completamente distinta daquela, da autoridade jurídica, que é representada pelos órgãos da comunidade jurídica. A ciência jurídica tem por missão conhecer – de fora, por assim dizer – o Direito e descrevê-lo com base no seu conhecimento[82].

Como pode ser observado, nas citadas obras o destacado jurista reconheceria que a norma jurídica tem uma função de autoridade criadora do Direito e a proposição jurídica uma função da ciência jurídica descritiva do direito. E assim, distingue terminologicamente estas duas formas de expressão chamando-lhes, respectivamente, norma jurídica (postas pela autoridade jurídica) e proposição jurídica (formuladas pela ciência do Direito). Deixaria entender assim que as normas não são proposições jurídicas e que as proposições jurídicas são os enunciados com os quais a ciência do Direito descreve os comandos jurídicos.

Contudo, em Kelsen[83], o termo norma designa um mandamento, uma prescrição, uma ordem. No entanto, mandamento, para o autor, não é a única função de uma norma. Também conferir poderes, permitir, derrogar são funções de normas. Norma, afirma o citado autor dá a entender a alguém que alguma coisa deve ser ou acontecer, desde que a palavra "norma" indique uma prescrição, um mandamento. Sua expressão linguística é um imperativo ou uma *proposição de dever-ser*. Note-se aqui que o confronto kelseniano entre *norma* e *proposição*, se agrava com a ideia de que as *proposições de dever-ser* têm uma significação prescritiva, diferente das *proposições do ser* que podem ser verdadeiras ou falsas. A proposição cuja significação é uma norma prescreve alguma coisa. Nem é verdadeira nem falsa.

A aceitação da existência de *proposições de dever-ser* e de *proposições do ser* também se constata numa das publicações póstumas de Kelsen *Normas Jurídicas e Análise Lógica*[84], obra resultante da correspondência travada com o célebre mestre da Lógica Jurídica Ulrich Klug, onde se verificam visíveis mudanças na teoria do autor, já conferidas nas citadas obras: *Teoria Geral do Direito e do Estado* e *Teoria Pura do*

---

[82] Ibid., p. 81.
[83] KELSEN, Hans. *Teoria Geral das Normas.* Op. cit., p. 1-2, 197, 207.
[84] KELSEN – KLUG. *Normas Jurídicas e Análise Lógica. Correspondência 1959-1965*. Trad. Paulo Bonavides. Rio de Janeiro: Forense, 1984, p. 1-106.

Direito. O texto revela a questão levantada por Kelsen acerca da possibilidade de considerar que os princípios da Lógica podem ser aplicados tanto a afirmações (juízos) que podem ser verdadeiros e falsos como a normas, a prescrições devidas, imperativos, ordens, pretensões etc. A essa questão o célebre Professor Ulrich Klug (27.4.1959)[85], Mestre da Lógica Jurídica na Alemanha, responderia:

> Quanto à matéria mesma, gostaria em primeiro lugar de sustentar a tese de que as regras da Lógica de fato, devem aplicar-se a ambos, ou seja, tanto ao Direito, isto é, a normas, como à Ciência do Direito, isto é, ao conhecimento de seu objeto. Isso resulta já de que em ambos os campos se trata de sistemas de proposições para os quais se pressupõe, ademais, que dentro de cada sistema, em princípio as afirmações não devem estar em contradição entre si. Em sua investigação acerca do conceito de ordem jurídica (*Logique et Analyse*, 1958, Caderno 3-4). V. à página 155 se referiu com razão a esta exigência de isenção de contradição. Se, porém, as proposições se contradizem, só se chegará a uma decisão mediante o emprego das regras da Lógica.

Assim, Klug aceitaria que também as *proposições do dever ser* se podem conceber como proposições de dois valores, que são falsas ou verdadeiras. De acordo com o citado autor, elas exprimem que um procedimento do dever ser ou é verdadeiro ou é falso. Desta forma acrescenta Klug que nenhuma diferença existe entre *proposições do dever ser* e do *ser*, pois em ambos os casos parte a dedução de axiomas não mais deriváveis.

A respeito da possibilidade de considerar as normas como verdadeiras e falsas e de aplicar regras da Lógica ao sistema de normas, Kelsen[86], num Manuscrito de 15.5.1959 escreveria:

> Aplicando a Teoria Pura do Direito princípios lógicos às normas de uma ordem jurídica, assevera ela que duas normas se contradizem quando uma prescreve que se deve proceder de uma determinada forma e a outra que não se deve proceder assim, não podendo, por consequência, as duas normas considerar-se válidas ao mesmo tempo; e que a validade de uma norma pode deduzir-se da outra norma – mas unicamente de uma norma, não de um fato. Desde que uma norma – como ordem, permissão, autorização – não pode ser verdadeira nem falsa e os princípios lógicos – segundo uma concepção tradicional – somente se aplicam a afirmações que podem ser verídicas ou inverídicas, é de admitir-se que o emprego de princípios lógicos, com relação a normas, só é possível de modo indireto ou *per analogiam*. Esta aplicação, a Teoria Pura do Direito a justifica ao distinguir entre as normas de uma ordem jurídica e as proposições de uma Ética que traça estas normas, e que tem esta ordem moral por objeto de seu conhecimento, assim como ao distinguir

---

[85] Ibid., p. 3.
[86] Ibid., p. 10-11.

> também entre as normas de uma ordem jurídica – as normas de Direito – e as proposições da Ciência do Direito, que descrevem essas normas jurídicas e que têm por objeto o conhecimento desta ordem jurídica, a saber, as proposições de Direito. Estas proposições devem ser proposições do dever ser. Não podem elas afirmar que, de acordo com uma determinada ordem moral ou jurídica se proceda efetivamente de uma certa forma, mas unicamente que, de conformidade com certa ordem moral ou jurídica, se deve proceder de determinada maneira, ainda que talvez, na realidade, não se proceda assim.

Com efeito, este interessante debate obrigaria Kelsen (em correspondência de 28.7.1959)[87] a aceitar que as normas jurídicas também são proposições. E assim concluiria o autor:

> [...] Se os imperativos são "proposições", então as proposições jurídicas da Ciência do Direito são na verdade proposições acerca de proposições; mas as proposições da Ciência Jurídica são proposições de uma natureza inteiramente distinta daquela das proposições da autoridade jurídica. As primeiras são proposições declarativas, que podem ser falsas ou verdadeiras; as últimas não são, de modo algum, proposições de afirmação, mas proposições imperativas, que não podem ser verdadeiras nem falsas. Elas não afirmam alguma coisa acerca de um objeto já determinado, mas antes de mais nada produzem o objeto acerca do qual algo poderá ser afirmado pela Ciência do Direito [...]. Também a norma é uma proposição que obriga, mas de modo algum uma proposição afirmativa, senão um imperativo ou, como também se diz, uma sentença imperativa.

A interpretação jurídica, por muito tempo, foi reduzida à interpretação normativa.

Por esse motivo, alguns autores afirmariam que interpretar é atribuir o sentido à norma jurídica, observando a realidade ou fenômeno vinculado a ela. A interpretação jurídica é a atividade pela qual se busca o sentido e significado das normas jurídicas, através dos textos ou signos de exteriorização[88].

Decerto, um dos objetos dos processos interpretativos, o mais próximo e concreto, é a norma jurídica que, como fórmula preestabelecida pelo legislador, regulamenta a convivência entre os homens na sociedade.

As leis positivas são formuladas em termos gerais; fixam regras, consolidam princípios, estabelecem normas, em linguagem clara e precisa, porém, ampla, sem descer a minúcias. É tarefa primordial do executor a pesquisa da relação entre o texto

---

[87] Ibid., p. 33-34.

[88] DIEZ-PICAZO, Luis; GULLÓN, Antonio. *Instituciones de Derecho Civil.* Madrid: Tecnos, 1995, p. 113.

abstrato e o caso concreto, entre a norma jurídica e o fato social, ou seja, aplicar o direito. Para o conseguir, se faz um trabalho preliminar: descobrir e fixar o sentido verdadeiro da regra positiva; e, logo depois, o respectivo alcance, a sua extensão. Em resumo, o executor extrai da norma tudo o que na mesma se contém: é o que se chama interpretar, isto é, determinar o sentido e o alcance das expressões do direito.

O intérprete, para conseguir seus objetivos, deve se valer dos meios ou instrumentos que estão presentes nos diferentes critérios hermenêuticos. Assim, do ponto de vista acadêmico, as teorias da hermenêutica devem ser explicadas como preâmbulo ao estudo do direito, pois, como disciplina, nos fornece os critérios básicos que facilitam o estudo, a interpretação e posterior aplicação das normas jurídicas nos diferentes ramos do direito.

De qualquer maneira, interpretar uma lei implica desenvolver um processo onde se vinculam a razão, a sabedoria e a experiência ao conteúdo das relações jurídicas e das proposições prescritivas.

O criador da lei, afirmam Luis Diez-Picazo e Antonio Gullón[89], desempenha um papel importante, pois sua vontade se converte em texto legal. As representações mentais, as expectativas e os propósitos do legislador, que não alcançaram expressão na lei, carecem de obrigatoriedade. Só as manifestações da vontade vertidas nas normas têm valor e por isso apenas é válida a vontade que resulta do texto legal.

Nesse sentido, concluem os citados autores, a interpretação objetiva constitui o sistema mais importante para completar e facilitar o progresso do ordenamento jurídico. Uma interpretação objetiva é capaz de fazer frente aos fenômenos e situações que o legislador histórico não conhecia e não tinha motivo para conhecer. O intérprete deve adaptar o ordenamento jurídico, que está em renovação, pois dentro dele cada nova disposição irradia uma força sobre as anteriores e sobre todo seu conjunto.

Realmente, as normas jurídicas regulam relações sociais, ou melhor, refletem uma realidade social. Por isso mesmo, ao interpretar a norma jurídica deve-se determinar: *a quem*, *o porquê* e *para quê* ela atribui faculdade ou impõe obrigações jurídicas.

O direito é constituído por um conjunto de normas protetoras e

---

[89] DIEZ-PICAZO, Luis; GULLÓN, Antonio. *Instituciones de Derecho Civil.* Madrid: Tecnos, 1995, p. 114-115.

regulamentadoras das relações sociais e econômicas. Desta forma, as normas jurídicas são elaboradas com a finalidade de estabelecer uma ordem social, dirigida à avaliação da conduta do homem, para evitar e resolver juridicamente os conflitos sociais.

Em essência, "a norma é a expressão da ideia de que algo deve ocorrer e, em especial, de que um indivíduo deve se conduzir de certa maneira"[90]. É a caracterização técnica do que deve ocorrer num lugar e momento, caracterização que se vincula à razão, à lógica e à justiça.

Ao elaborar a norma jurídica, o legislador imputa a determinados fatos (hipótese de fato ou previsão de uma determinada situação) consequências jurídicas, utilizando regras específicas e sanções pertinentes. Portanto, para se formarem as regras jurídicas, é necessário observar os fatos que serão submetidos ao direito; eles constituem o primeiro elemento a analisar e poderão ser: voluntários, involuntários, materiais, positivos, negativos, e por qualquer razão afetarão duas ou mais pessoas.

Dessa forma, as normas jurídicas dão faculdade a determinados titulares através das regras jurídicas, indicando o dever de cumprir uma obrigação que pode consistir em uma atividade (dar, fazer ou não fazer alguma coisa).

Não obstante, a estrutura da norma jurídica não tem uma expressão matemática, pois a ciência jurídica não tem caráter exato, ainda que em alguns casos, e durante sua aplicação, apareça uma expressão mais ou menos aproximada de avaliação de ressarcimento ou indenização de danos e compensação de dívidas.

Assim, as normas jurídicas são reguladoras de fatos ou situações jurídicas. Dessa forma, pela sua estrutura, os fenômenos jurídicos podem se diversificar em duas grandes categorias:

a) O fato é um fenômeno de signo dinâmico que se caracteriza por constituir um acontecer, uma mutação ou uma modificação que se produz no mundo da realidade (p. ex., chuva, inundação, nascimento; mas também roubo, acordo, declaração etc.).

b) A situação é um modo de estado de vida, um estado especial das pessoas ou das coisas. É um fenômeno de caráter estático. Há uma situação jurídica quando as pessoas ou as coisas estão de uma determinada maneira na vida social que o

---

[90] KELSEN Hans. *Teoria Geral do Direito e do Estado.* Trad. Luis Carlos Borges. São Paulo: Martins Fontes, 1998, p. 51.

ordenamento jurídico avalia e regulamenta. São situações: o ser proprietário, o ser devedor, o ser herdeiro, o ser maior de idade[91].

Como se observa, o direito (a norma) tem como objeto a regulação dos fatos que:

1 interessam a dois ou mais indivíduos;

2 que são objetos do direito e, portanto, estão submetidos ao direito;

3 têm como causa a vontade (atos jurídicos) criadora do direito, ou que se produzem involuntariamente (fatos jurídicos propriamente ditos);

4 geram consequências impostas e aplicáveis pela força, em caso de não-cumprimento ou de inobservância da disposição normativa (a sanção).

Toda análise jurídica se resume à interpretação das regras jurídicas, em que se mesclam as questões políticas, socioeconômicas e jurídicas, vinculando-se o direito a uma pesquisa conservadora (se aceitamos as coisas como são), ou inovadora (quando fornecemos contribuições).

A posição que deve ser adotada pelo pesquisador ou intérprete é precisamente a de inovar (criar), seja propondo a elaboração de leis para eliminar as lacunas e deficiências das vigentes, seja fornecendo um conjunto de bases legislativas para complementar as disposições também vigentes e, assim, conseguir um resultado diferente dos obtidos pela legislação anterior.

Para que a norma seja aplicável é necessário que se materializem os elementos lógicos de sua estrutura: hipóteses ou supostos jurídicos, disposição e sanção ou consequência jurídica.

Nas *hipóteses* se expressa um conjunto de condições, cuja realização, ou não-realização, produz efeitos jurídicos. Por isso, o fato hipotético é considerado como:

a) um ato voluntário ou comportamento humano (ato jurídico); e

b) um fato natural involuntário que escapa de toda a determinação humana, ou melhor, que se produz sem a intervenção da vontade do homem (fato jurídico).

---

91 DIEZ-PICAZO, Luis; GULLÓN, Antonio. *Instituciones de Derecho Civil.* Madrid: Tecnos, 1995, p. 139.

A *disposição* ou mandamento é a parte da estrutura lógica da norma que expressa o comportamento que se exige ou se permite.

A *sanção* ou consequência jurídica é a medida que se aplica a quem não cumpre o dever estabelecido na norma. A sanção significa o efeito que no direito produz o cumprimento ou inadimplemento das obrigações, ou a realização das circunstâncias previstas ou estabelecidas nas hipóteses.

Dessa maneira, segundo lições de Friede Reis[92], apresenta-se a estrutura da norma considerando sua visão externa (lei – produção legislativa, costume) e interna (endonorma - comando ou preceito primário; perinorma - descrição do injusto e sanção).

Para Diez-Picazo[93], como elemento causal da norma jurídica, o fato hipotético (fato jurídico) pode ser considerado como fato simples e fato complexo. São fatos simples aqueles que estão formados por um só elemento, como, por exemplo, a morte de uma pessoa; no entanto, os fatos complexos são aqueles que contêm elementos diversos que requerem consequências de vários acontecimentos.

Esta ordem supõe a possível existência de atos jurídicos autorizados ou proibidos, aos quais se imputam certos efeitos, representados pelas garantias, limitações, reconhecimentos e proteção ou tutela legal; ou de fatos jurídicos, circunstâncias que ocorrem independentemente da vontade humana, mas que produzem efeitos ou consequências jurídicas.

O fato social é considerado como fato jurídico: a) em sentido amplo, quando se refere a um fato natural (por exemplo, a maioridade, as causas telúricas, a morte, o nascimento etc.); b) em sentido estrito, quando se refere a um fato humano gerado por ações humanas voluntárias e nas quais a vontade, em determinadas ocasiões, não é relevante (por exemplo o usucapião, o achado, a servidão, os ilícitos culposos); e c) como ato jurídico, aquele em que a intenção é essencial para produzir as consequências (por exemplo, o contrato, o testamento, o matrimônio, os ilícitos dolosos etc.). Assim, "um ato é um ato jurídico precisamente porque determinado por uma norma jurídica. A qualidade jurídica de um ato é idêntica à sua relação com uma norma jurídica. Um ato é

---

[92] FRIEDE, Reis. *Ciência do Direito, norma, interpretação e hermenêutica jurídica.* 2. ed. Rio de Janeiro: Forense Universitária, 1999. (1999, p. 83)

[93] DIEZ-PICAZO, Luis; GULLÓN, Antonio. *Instituciones de Derecho Civil.* Madrid: Tecnos, 1995, p. 140.

um ato jurídico apenas porque, e apenas na medida em que, é determinado por uma norma jurídica"[94].

Enfim, toda norma jurídica tenta vincular a um suposto fato uma determinada consequência jurídica. Os efeitos essenciais das normas jurídicas podem ser colocados da seguinte maneira:

1 Existe, em primeiro lugar, o dever jurídico de cumprimento ou de observância da previsão estabelecida pela norma (dever jurídico de cumprimento da norma).

2 Existe, em segundo lugar, um repertório de consequências que o ordenamento jurídico liga à falta de cumprimento do dever primário de observância (eficácia sancionadora da norma).

3 Em terceiro lugar, a norma envolve uma parte da realidade social e, enquanto planeja para ela uma determinada ordem jurídica, a converte em realidade jurídica (eficácia constitutiva das normas)[95].

Como exemplo prático, ao explicar a estrutura da norma há de se analisar:

Hipótese – "o fato que poderá ou não deverá acontecer" (exemplo: matar alguém);

Comando – "dever de agir ou se omitir" (exemplo: não matar ou é proibido matar);

Sanção – "consequência jurídica" (exemplo: a pena).

Não obstante, a norma jurídica pode não ter uma sanção evidente (apreciável). Em alguns casos o legislador declara ou reconhece uma situação de direito, se utilizando da estrutura fato-consequência. Exemplos:

- "*A personalidade civil da pessoa começa do nascimento com vida; mas a lei põe a salvo, desde a concepção, os direitos do nascituro*" (Artigo 2º do Código Civil

---

[94] KELSEN Hans. *Teoria Geral do Direito e do Estado.* Trad. Luis Carlos Borges. São Paulo: Martins Fontes, 1998, p. 55.

[95] DIEZ-PICAZO, Luis; GULLÓN, Antonio. *Instituciones de Derecho Civil.* Madrid: Tecnos, 1995, p. 127.

Brasileiro).

- "*A existência da pessoa natural termina com a morte; presume-se esta, quanto aos ausentes, nos casos em que a lei autoriza a abertura de sucessão definitiva*" (Artigo 6º do Código Civil Brasileiro).

No primeiro exemplo, *nascimento com vida* e *a concepção* são fatos que geram as consequências o começo e a extinção da personalidade. Já, no segundo exemplo, o *a morte* e a *ausência* são os fatos geradores das consequências: o perecimento da *pessoa natural pessoa natural*.

Contudo, ao interpretar a regra jurídica importa verificar a existência e relação entre fatos e consequências jurídicas previstas no texto. Neste processo, o comando ou preceito legal há de ser considerado elemento indispensável da interpretação.

Todavia, mesmo conhecendo os componentes das normas jurídicas, a confusão entre norma, princípios, regras e dispositivos pode ser originária de problemas interpretativos. Eis que tais problemas podem estar vinculados ao uso de termos e ao sentido e alcance do texto legal, que podem estar em conflito, contradições (ou antinomia) ou lacunas jurídicas.

Segundo as lições de Atienza[96], na medida em que uma lei seja sistemática, que não deixe vazios de regulamentação ou lacunas, nem tampouco gere contradições, ou antinomias, se pode dizer também que produz segurança. A segurança jurídica é, obviamente, um dos valores fundamentais do direito, e nela repousam muitos dos argumentos utilizados tanto na aplicação como na produção de normas jurídicas.

Também atenta contra a segurança jurídica a dispersão legislativa, deficiência que nos obriga a nos remeter a normas incluídas no mesmo texto da lei que se analisa, ou a outras que pertencem a disposições e legislações distintas.

Resumidamente, para interpretar e determinar a norma aplicável será necessário identificar as contradições normativa. Vale lembrar que pode existir contradição entre as normas, ainda quando existem meios para a solução dos conflitos.

Sendo uma proposição sintética, o critério para julgá-la é a maior ou menor correspondência aos fatos; sendo uma proposição analítica, o critério é a coerência ou validade formal[97].

---

[96] ATIENZA, Manuel. *Tras la justicia*. Una introducción al Derecho y al razonamiento jurídico. Editorial Ariel, S.A., Barcelona, 1993, p. 210.

3.2 Discussão, consenso e divergências

Como resultado da análise e confronto das várias posturas adotadas pelos citados autores, constatamos a existência do seguinte marco de discussão:

> a) Um primeiro grupo de autores, visivelmente influenciado pelas teses de Aristóteles[98], Gottfried Wilhelm Leibniz[99] ou talvez pela obra de Ludwig Wittgenstein[100], consideram que *proposição* e *norma jurídica* são coisas diferentes. Assim sendo, a partir da tese de que "a significação de uma expressão linguística é sua específica função: a designação de um objeto, a referência a um objeto"[101], se discute que a norma não é uma proposição jurídica, pois ela, a norma, tem uma função prescritiva e a proposição jurídica uma função descritiva do direito, enunciados com os quais a ciência do Direito descreve os comandos jurídicos. Neste primeiro grupo de autores se situam: Hans Kelsen, Ronald Dworkin, Alf Ross e Karl Larenz;
>
> b) Um segundo grupo de autores consideram que as proposições jurídicas podem ser tanto descritivas quanto prescritivas. Propõe-se assim a ideia de que a norma é uma proposição jurídica (prescritiva) e que o discurso jurídico pode ser tanto descritivo-valorativo (doutrinas) como prescritivo (normas). Neste segundo grupo se destacam os seguintes pensadores: Ulrich Klug, Robert Alexy, Jürgen Habermas, R. M. Hare e Norberto Bobbio.

A problemática que deriva da maneira de significar as proposições jurídicas faz com que o jurista contemporâneo se encontre numa verdadeira posição embaraçosa. O dilema consiste no seguinte:

1 Admitimos que a proposição somente deve ser considerada como aquilo que pode ser verdadeiro ou falso ou;

2 Consideramos que, além das asserções, existem outras construções linguísticas que devem ser também consideradas proposições.

---

97 BOBBIO Norberto. *Teoría General del Derecho*. Bogotá: Editorial Temis, 1987.

98 ARISTÓTELES. *Os pensadores*. São Paulo: Nova Cultura. 1996, p. 9, 13, 14, 15, 17, 18 (*Toda proposição seria o enunciado de um juízo através do qual um predicado é atribuído a determinado sujeito*).

99 LEIBNIZ, Gottfried Wilhelm. *Novos Ensaios Sobre o Entendimento Humano*. In Os Pensadores. Trad. Luiz João Baraúna. São Paulo: Nova Cultura, 2000, p. 81, 119, 354 (*Uma proposição seria verdadeira ou falsa, dado que a mesma proposição não pode ser ao mesmo tempo verdadeira ou ao mesmo tempo falsa. Daí, seria impossível que a uma mesma proposição possamos fazer recair tais atributos. Por exemplo, "O que é A não pode ser não-A". Consequentemente, "todo homem é um animal" é uma proposição verdadeira; portanto, não poderá existir homem que não seja animal*).

100 LUDWIG. Wittgenstein. *Investigações Filosóficas*. Trad. José Carlos Bruni. São Paulo: Nova Cultura, 1999, p. 62 (*Proposição é aquilo que pode ser verdadeiro ou falso*).

101 KELSEN, Hans. *Teoria Geral das Normas*. Trad. e Rev. de José Florentino Duarte. Porto Alegre, RS: Fabris, 1986, p. 44 e 120 (a função específica de uma norma é a imposição de uma conduta fixada. "Imposição" é sinônimo de "prescrição", para diferenciação de "descrição". *Descrição* é o sentido de um ato de *conhecimento*; *prescrição*, imposição, o sentido de um ato de vontade. *Descreve-se* algo, como ele *é*, *prescreve-se* algo – especialmente uma certa conduta –, ao exprimir-se como a conduta *deve ser*).

3 Assumimos uma postura perante esse dilema, ora observando as seguintes conclusões possíveis:

Primeira conclusão possível: Se admitirmos que a proposição somente deve ser considerada como aquilo que pode ser verdadeiro ou falso, estaremos compelidos a aceitar que no direito, ora visto como um conjunto de normas, não existem proposições. Logo, as normas jurídicas não são proposições verdadeiras ou falsas, são diretrizes.

Segunda conclusão possível: Se admitirmos que, ademais das asserções, existem outras construções linguísticas prescritivas que são também proposições, estaremos forçados a concordar com a ideia de que as normas jurídicas também são proposições. Logo, todos os artigos (normas ou regras), cláusulas contratuais, doutrina, princípios, sentenças ou aforismos jurídicos são formulados sob a forma de proposições e, portanto, são proposições jurídicas.

Do ponto de vista jurídico a falta de uniformidade com respeito à significação proposicional repercute no desempenho teórico-prático e científico do jurista moderno. Eis que, como afirma Fernando Herren Aguillar[102], no direito não encontramos, ao contrário do que acontece com outros ramos do saber humano, um grupo de respostas único para as indagações oferecidas pelo trabalho investigativo (científico). Perante esse fato, o estudo do direito não tem conduzido a uma resposta de validez universal. Ao contrário, como acentua o autor, convivemos com inúmeras correntes, que resistem ao tempo e às críticas permanentes formuladas por seus adversários. Isso conduz a uma situação complexa e dilemática para o estudioso do direito preocupado com métodos de trabalho.

É a razão pela qual, pensamos, determinadas teses se mostram inconsistentes para alguns e inconvenientes para outros. A consistência e conveniência das teses jurídicas historicamente têm se pretendido justificar usando-se alguns dos seguintes argumentos:

---

[102] HERREN Aguillar, Fernando. *Metodologia da Ciência do Direito*. 3. ed. São Paulo: Max Limonad, 2003, p. 11.

Primeiro, o direito e a justiça são idênticos, de tal modo que nenhuma proposição jurídica injusta pode ser verdadeira. Todo direito depende da justiça, portanto, nele predominam os critérios morais.

Observações:

O critério anterior tem como bandeira o chamado Jusnaturalismo racionalista, pertencente à Escola Moralista ou do Direito Natural. Aqui, o componente valorativo (*dever ser*) é predominante e decisivo para a definição do Direito. No entanto, algumas teorias jusnaturalistas menos radicais reconhecem que a moral nem sempre é relevante para a verdade das proposições.

A tese que considera o discurso jurídico como caso especial do discurso moral, defendida em uma ou outra versão, resulta plausível desde o ponto de vista heurístico, mas sugere uma subordinação errônea do direito à moral, não liberta totalmente das conotações do direito natural. A tese perde todo interesse quando se leva a sério tal diferenciação paralela, de direito e moral, como fundamentação[103].

Segundo, o direito é um conjunto de normas e, portanto, na ordem jurídica inexistem proposições. Eis uma compreensão existencialista, por meio da qual se defende que no direito só existem normas jurídicas criadas com a finalidade de regulamentar e ordenar a vida na sociedade.

Observações:

Eis um argumento que tem como ponto de partida possível a aceitação de algumas das seguintes teorias: "teoria normativa", "teoria dogmática", "teoria imperativa da norma", "teoria pura do direito" e/ou "teoria interpretativa", todas elas pertencentes à Escola Positivista - positivismo com base na legislação. Aqui o componente normativo com ênfase na relação lógico-formal entre normas é predominante. Aceita-se o caminho da defesa do rigor lógico das normas jurídicas em vez de sua contrastabilidade empírica. Assim, se acaba por definir o Direito como sendo: uma ciência normativa ou interpretativa da norma ou como mero objeto das ciências jurídicas.

Desta forma, procura-se afirmar que o problema do Direito, na condição de problema científico, é um problema de técnica social, não um problema moral. A afirmação: "Certa ordem social tem o caráter de Direito, é uma ordem jurídica", não

---

103 HABERMAS, Jürgen. *Facticidad y validez*. Op. cit., p. 305-306.

implica o julgamento moral de qualificar essa ordem como boa ou justa. Existem ordens jurídicas que, a partir de certo ponto de vista, são injustas. Direito e justiça são dois conceitos diferentes. O Direito, considerado como distinto da justiça, é o Direito positivo. Uma ciência de Direito positivo dever ser claramente distinguida de uma filosofia da justiça[104].

Assim, como assinala Habermas, em contraposição às escolas realistas, alguns teóricos, como Hans Kelsen e H. L. A. Hart, preferem destacar o sentido normativo específico das proposições jurídicas e a estrutura sistemática de um sistema de regras, como é o direito, que têm por fim possibilitar a consistência das decisões que observam tais regras e convertem o direito em algo bem diferente da política. Em contraposição aos hermeneutas, acentuam a completude de um sistema jurídico fechado que seria impermeável a princípios extrajurídicos. De acordo com Habermas, o positivismo chega a uma falsa tese de autonomia, pois entende o direito como um sistema fechado de regras predeterminadas e pensadas para uma aplicação específica, as quais, em caso de colisão, precisam da decisão do juiz. É, para o autor, uma concepção unidimensional do direito como um sistema de regras isentas de princípios[105].

Terceiro, o direito tem como finalidade ordenar a vida em sociedade, portanto as normas jurídicas têm exclusivamente a finalidade de prescrever a conduta humana. Assim sendo, se aceita o caminho da contrastabilidade empírica das normas e se exclui a defesa do seu rigor lógico.

Observações:

Tal argumento parece ter como ponto de referência possível a defesa de algumas das seguintes teorias: "teoria do direito livre", "teoria psicológica do direito" e/ou "teoria do direito como decisão", todas elas vinculadas à Escola do realismo jurídico, a saber, norte-americana e escandinava, as quais atribuem maior preponderância ao componente factual do direito, acabando por defini-lo como uma arte de julgar ou como uma ciência dogmática (ou jurisprudência).

Desses argumentos geralmente se fazem derivar teorias semânticas que sustentam o direito como uma simples questão de fato. Daí, se nos apresenta o direito como uma ciência empírica, não teórica; dessa forma, o critério de falsidade das proposições jurídicas dependeria da relação existente entre as proposições e os fatos do

---

104 KELSEN, Hans. *Teoria Geral do Direito e do Estado.* Op. cit., p. 8.
105 HABERMAS, Jürgen. *Facticidad y validez*. Op. cit., p. 271,278, 279.

mundo jurídico. As proposições jurídicas seriam "verdadeiras" por causa de sua relação com um fato empírico e não pela questão da definição.

Uma outra corrente que também considera os fatos como componente principal é a fenomenológica. Proposta que parece se corresponder com as conhecidas "teoria estatalista do direito", "teoria institucionalista do direito" e/ou com a "teoria fenomenológica do direito", todas elas pertencentes ao positivismo que acaba por definir o Direito como: "uma instituição", como "um instrumento de poder", como "vontade da classe dominante erigida em lei", como "forma de consciência social", como "relação jurídica", como "ideologia", como "fenômeno histórico", como "fenômeno social", como "ciência empírica" ou como "um organismo objetivo da liberdade humana" etc.

Evidentemente, como também afirma Jürgen Habermas[106], o confronto entre as teses normativas, que sempre correm o risco de perder o contato com a realidade social e as objetivas que eliminam todos os aspectos normativos, pode servir de advertência para não privilegiar nenhuma orientação ligada a uma determinada disciplina, mas para estarmos abertos a distintos pontos de vistas metodológicos, a diversos objetivos teoréticos, às diversas perspectivas que abrem os distintos papéis sociais (juiz, político, legislador, cliente das burocracias estatais e cidadãos) e às distintas atitudes no que se refere à pragmática da pesquisa (hermenêutica, crítica, analítica etc.). Daí que, metodologicamente, as ordens legais podem ser analisadas tanto "desde cima" quanto "desde baixo"; sendo certo que uma sociologia que proceda em termos reconstrutivos tem de fazer justiça a ambas perspectivas. Desta forma, o discurso sociológico acerca do direito se pode conectar também com o discurso filosófico acerca da justiça e transcender também aos limites deste.

Quarto, o direito é uma área do conhecimento humano conformada por doutrinas (teorias), normas (regras) e fatos. Assim, se reconhece a existência de proposições jurídicas: *prescritivas*, *descritivas* e *valorativas* e se defende tanto a avaliação do rigor lógico das proposições jurídicas como a sua contrastabilidade empírica, importando também o esforço metodológico de clarificação e coerência da linguagem do direito, isto é, a defesa da concepção analítica do saber jurídico.

Observações:

---

[106] HABERMAS, Jürgen. *Facticidad y validez*. Op. cit., p. 68,134.

Eis um argumento que parece estar vinculado à concepção tridimensional do direito, a saber: tridimensionalismo genérico (ex. Norberto Bobbio) ou específico (ex. Miguel Reale). Os componentes predominantes nesta proposta são: *1. o normativo; 2. o valorativo; e 3. o factual* (norma, valor e fato). Assim sendo, se nos apresenta o direito como sendo: "uma ciência sistemática" ou "um objeto de três ciências distintas, a saber: da Sociologia do Direito, quanto a sua formação e evolução (eficácia), da Jurisprudência ou ciência formal do direito, da Filosofia do Direito, quanto a sua estrutura formal (validez) e quanto ao seu valor (problemas ideais de justiça)" etc.

Tais divergências, efetivamente, têm como antecedente decisivo a tese: *proposição é aquilo que pode ser dito verdadeiro ou falso*, o que supõe que um conjunto de palavras é considerado uma proposição quando dele deduzimos uma verdade ou uma falsidade. É, de acordo com esse raciocínio, que alguns autores admitem como proposição aquela construção linguística que pode ser dita verdadeira ou falsa, portanto, verdade e falsidade são atributos auxiliadores da significação proposicional.

Contudo, as teses: 1. "*toda proposição é o enunciado de um juízo através do qual um predicado é atribuído a determinado sujeito*" (Aristóteles); 2. "*proposição é aquilo que pode ser verdadeiro ou falso*" (Wittgenstein); e 3. "*é impossível que uma proposição não seja nem verdadeira nem falsa*" (Leibniz), parecem também entrar em contradição quando se admite que os comandos e conjeturas também podem formar parte dos jogos de linguísticos e quando se consideram os *axiomas* jurídicos (máximas ou aforismos) como verdadeiras proposições, assim incluídos na classificação de John Locke[107] e do próprio Leibniz[108].

Há uma boa razão para observar, primeiro, que nem todo axioma foi construído observando-se a relação sujeito–predicado (*S* é *P*) e, segundo, os axiomas (máximas ou aforismos) não são considerados verdadeiros ou falsos, porém máxima ou aforismos que regem as ciências. Vejam-se dois exemplos seguintes:

1. *Absolvere debet iudex potius in dubio, quam condemnare* [Na dúvida, o juiz deve antes absolver do que condenar].

---

[107] LOCKE, John. *Ensaio Acerca do Entendimento Humano*. In os Pensadores. Trad. Anoar Aiex. São Paulo: Nova Cultura, 1999, p. 13, 247, 253, 261.

[108] LEIBNIZ Gottfried, Wilhelm. *Novos Ensaios Sobre o Entendimento Humano*. In Os Pensadores. Trad. Luiz João Baraúna. São Paulo: Nova Cultura, 2000, p. 81, 119, 354, 267.

2. *Acta simulata veritatis substantiam mutare non possunt* [Os atos simulados não podem mudar a substância da verdade].

Tais sentenças parecem ser *diretivas*, isto é, expressões sem significado representativo, mas com intenção de exercer influência nos juristas ou hermeneutas: juízes, advogados etc.

Tamanha inconsistência faz derivar da classificação proposicional, como visto, o confronto entre *proposição jurídica* e *norma jurídica*. No entanto, acreditamos que a formulação ou reformulação de um conceito proposicional não é tarefa suficiente para esclarecer o estatuto epistemológico das proposições jurídicas. Assim, continuando com esse empenho, nas seguintes seções refletimos sobre a tipologia, estrutura lógica e o valor metodológico das proposições no direito.

Na própria redação do texto da Lei, o legislador pode cometer erros relativos à racionalidade jurídico-formal e à racionalidade pragmática, que estão muito relacionados com a qualidade técnico-jurídica da Lei.

Assim, fala-se sobre a racionalidade e a irracionalidade da lei (comunicação deficiente entre o legislador e os destinatários das normas). Nesse contexto, uma lei é irracional ou não-racional na medida em que fracassa como ato de comunicação, pelo que incrementar a racionalidade da legislação significará a utilização de conhecimentos procedentes da linguística, da lógica, da informática ou da psicologia cognitiva.

Outro aspecto importante e a existência de lacuna legal. A lacuna se apresenta quando existe uma deficiência na lei ou quando nos encontramos frente à inexistência de uma lei aplicável ao ponto controvertido. É um fato inegável que a lei apresenta essas deficiências em todo tempo e lugar, porque não pode abarcar em sua hipótese de fato geral e abstrato todos os possíveis casos que nascem durante sua vigência e que não podem ser previstos pelo legislador. Outras vezes a lei é elaborada com um descuido apreciável, ou então a lei que regula um determinado sucesso ou fato é contraditória com outras (antinomia). Enfim, a enumeração das causas pelas quais uma determinada situação não encontra sua regulação legal seria interminável. Desta feita, estamos na presença de lacuna de lei quando não existe uma hipótese de fato e determinado de regulamentação legal, regulamentação essa que se apresenta como necessária na concepção jurídica e cultural de uma comunidade num momento dado[109].

---

[109] DIEZ-PICAZO, Luis; GULLÓN, Antonio. *Instituciones de Derecho Civil*. Madrid: Tecnos, 1995, p. 122.

3.3 A função da linguagem nos processos interpretativos

Ao efeito deste estudo, concebemos a linguagem como um domínio ou dimensão intermediaria entre o agente: intérprete (ou exegeta) e a realidade histórica ou presente (o mundo) que procura conhecer e compreender. A linguagem é, pois, um dos maiores recursos produzidos no plano sociocultural, capaz de vincular o nosso "pensamento" (intelecto) com a "realidades" (mundos).

Porém, observa-se que a linguagem nem sempre aparece com uma mediação entre a mente e as coisas, pois, a maioria das vezes fala-se de coisas que não existem fisicamente ou se usam recursos persuasivos sobre um evento inverídico, a exemplo das *Fake News*.

Mas, como explica Paul Ricoeur[110], a linguagem constitui um mundo próprio, dentro do qual cada elemento se refere apenas a outros elementos do mesmo sistema, graças à ação recíproca das oposições e diferenças constitutivas do sistema. Numa palavra, a linguagem já não é tratada como uma "forma de vida", como Wittgenstein a chamaria, mas como o sistema auto eficiente de relações internas. Neste ponto extremo, a linguagem despareceu como discurso. A linguagem é o processo pelo qual a experiencia privada se faz pública, ela é a exteriorização pela qual a impressa subjetiva é transcendida e se torna uma expressão: é o que pode ser chamado de dialética subjetiva – objetiva.

A respeito desta relação se reconhece a existência de um conhecimento objetivo e de outro subjetivo. É na obra de Karl Popper[111] onde melhor constatamos a relação existente entre conhecimento *subjetivo* e *objetivo.* A esse respeito o citado autor considera que:

> A teoria de senso comum do conhecimento e, com ela, todos os filósofos até pelo menos Bolzano e Frege, admitiu como certo, erroneamente, que só havia uma espécie de conhecimento – o conhecimento possuído por algum sujeito conhecedor.

É a esse tipo de conhecimento que Popper chama de subjetivo apesar do fato de que simplesmente, segundo ele, não existe conhecimento subjetivo puro, ou genuíno, ou não adulterado. Popper prefere distinguir entre conhecimento subjetivo e conhecimento

---

[110] RICOEUR, Paul. *Teoria da Interpretação: o discurso e o excesso de significação.* Lisboa: Edições 70, 1976, p. 18, 30-31.

[111] POPPER, Karl Raimund. *Conhecimento objetivo: uma abordagem evolucionária.* Trad. de Milton Amado. Belo Horizonte: Itatiaia, 1999, p. 77-78.

objetivo, ou conhecimento lógico de nossas teorias, conjecturas, suposições. Para tanto, coloca como exemplo de conhecimento objetivo as teorias publicadas em revistas e livros e conservadas em bibliotecas; discussões dessas teorias; dificuldades ou problemas apontados em conexão com essas teorias etc. Popper, com o intuito de defender a tese de que quase todo o nosso conhecimento subjetivo depende de teorias formuladas linguisticamente, faz uma interessante (mas controversa) divisão entre mundo físico ao qual chama de "Mundo 1", mundo das experiências conscientes ("Mundo 2") e mundo dos conteúdos lógicos de livros, bibliotecas, memórias de computador e similares ("Mundo 3").

Dessa forma, duas seriam as *espécies* de conhecimento, uma que se refere ao conhecimento do qual goza todo sujeito cognoscente, isto é, conjunto de ideias ainda não expressas (explicitadas) objetivamente; e outra a que diz do conhecimento constituído por um conjunto de proposições, ora constatadas nas obras científicas, literárias, artísticas, religiosas etc.

Existe, no entanto, um evidente entrelaçamento entre linguagem e mundo, isto é, um nexo que não parece ser causal, porém lógico. A esse respeito afirmaria Alf Ross[112], "certas expressões linguísticas possuem, adicionalmente, um significado representativo, quer dizer, a expressão *indica*, *simboliza* ou *representa* um estado de coisas. Não se trata de uma relação causal, mas lógica".

Conforme explica Manuel Atienza[113], "como muitas vezes se tem dito, a filosofia do século XX caracterizou-se, a partir de certo momento, por uma 'viragem linguística' ou 'mudança de rumo' no sentido de fazer da linguagem o centro da reflexão filosófica".

Também Robert Alexy[114], considera que nas últimas décadas, a análise da linguagem normativa em geral, e da linguagem moral em particular, têm sido o tema de numerosas investigações dentro do enquadramento mais amplo da filosofia analítica. Assim, por exemplo, "para saber, se de fato e como as sentenças normativas, as elocuções ou proposições podem ser justificadas, se precisaria saber o que é uma

---

[112] ROSS, Alf. *Direito e Justiça*. Trad. Edson Bini. Rev. Alysson Leandro Mascaro. Bauru, São Paulo: EDIPRO, 2000, p. 29.

[113] ATIENZA, Manuel. *O direito como argumentação*. Portugal, Lisboa: Escolar Editora. 2014, p. 319.

[114] ALEXY, Robert. *Teoria da Argumentação Jurídica*. Trad. Zilda Hutchinson Schild Silva. São Paulo: Landy, 2001, p. 45.

sentença normativa, uma elocução ou proposição. Uma teoria sobre sua justificação pressupõe uma teoria da linguagem normativa".

De acordo com John R. Searle[115], a filosofia analítica, baseada na obra de Gottlob Frege, Ludwig Wittgenstein, Bertrand Russel e G. E. Moore, assim como também no trabalho desenvolvido pelos positivistas do Círculo de Viena, nas décadas de 1920 e 1930 é uma filosofia intrinsecamente autocrítica que encontra seu ponto central no período que compreende o positivismo lógico imediatamente anterior à guerra de 1939-1945 e a fase pós-guerra da análise linguística.

A obra de Wittgenstein exerceria profundas influências no pensamento filosófico do século XX. De acordo com Mario Bunge[116], por exemplo, Ludwig Wittgenstein influiu poderosamente sobre o Círculo de Viena, a ponto de fazê-lo perder de vista seus objetivos iniciais. Deixou-se de falar de ciência para falar da linguagem da ciência. Ora, o objetivo filosófico de Ludwig Wittgenstein[117] consistiria em explicar a natureza das sentenças, por considerar que elas figuram a realidade. Para Wittgenstein as proposições se pronunciam apenas acerca do que está no mundo. Portanto, tudo aquilo que diz respeito à ética não pode ser expresso por proposições. Assim, conclui o autor:

> Parece, então, que a elucidação – proposição é aquilo que pode ser verdadeiro ou falso – determina o que é uma proposição, na medida em que digo: o que se ajusta ao conceito 'verdadeiro', ou aquilo a que o conceito 'verdadeiro' se ajusta, isto é uma proposição. É como se tivéssemos um conceito de verdadeiro e falso, com o auxílio dos quais podemos determinar o que é uma proposição e o que não é. O que se engrena no conceito de verdade (como numa roda dentada) é uma proposição[118].

No entanto, o filósofo, posteriormente, aceitaria que não há uma única função comum das expressões da linguagem e, portanto, ele se persuadiu de que não existe um único tipo de proposição (a descritiva). Ele, ainda, consideraria que existe um jogo de linguagem, isto é, uma multiplicidade de jogos de linguagem, com múltiplas funções ou finalidades, a saber: *comandar é agir segundo comando, descrever um objeto segundo uma descrição (desenho), relatar um acontecimento, conjeturar sobre o acontecido, expor uma hipótese e prová-la, apresentar os resultados de um experimento por meio de tabelas e diagramas, inventar uma história, ler, representar teatro, cantar uma cantiga de roda, resolver enigmas, fazer uma anedota; contar, resolver um exemplo de*

---

[115] SEARLE, John R. Filosofia contemporânea nos Estados Unidos, in BUNNIN, Nicholas e E.P. Tsui-James (orgs). *Compêndio de Filosofia*. São Paulo: Loyola, 2002, p. 2.
[116] BUNGE, Mario. *Epistemologia*: curso de atualização. Op. cit., 1980, p. 8.
[117] LUDWIG. Wittgenstein. *Investigações Filosóficas*. Trad. José Carlos Bruni. São Paulo: Nova Cultura, 1999, p. 62.
[118] Ibid., p. 69.

cálculo aplicado, traduzir de uma língua para outra, pedir, agradecer, maldizer, saudar, orar.

As funções anteriormente grifadas, a saber: comandar, descrever, conjeturar, expor hipóteses, também são consideradas funções do direito e sua ciência. Contudo, do ponto de vista jurídico e, de acordo com a sua perspectiva linguística, o Direito é considerado como um sistema de comunicação.

O Direito, assim, seria uma linguagem, constitutiva de textos: *descritivo* (ou científico-demonstrativo), *valorativo* (crítico) ou *prescritivo* (normativo). Pois bem, nesta perspectiva, a linguagem tem um papel importante na concretude (concretização) do Direito. Eis que, por meio da linguagem, o direito se torna objetivo e, desta forma, o jurista teórico e prático dele se usam para lecionar, pesquisar, julgar e decidir.

A linguagem, certamente, tem um papel importante na formação da consciência e do conhecimento. O homem, como ser social, sente, escuta, analisa, julgar, afirma, nega, deseja e comunica aos seus semelhantes as suas impressões e seus pensamentos. Assim, a linguagem facilita a passagem da contemplação, isto é, da cognição sensorial ao pensamento generalizado e abstrato, e daí ao conhecimento concreto e objetivo.

A linguagem é, pois, o instrumento comum do qual nos servimos para compreender o nexo que existe entre o conhecimento *subjetivo* e *objetivo*. O estudo da linguagem, ainda que breve, nos permitiria conhecer melhor o nexo existente entre pensamento humano e a produção intelectual. Entenda-se por produção intelectual: a produção artística, (poemas, narrativas, ensaios e obras literárias), filosófica, religiosa ou científica onde, como bem afirma Paul Ricoeur[119], a escrita toma o lugar da fala.

Para Ricoeur[120], a escrita não é apenas a fixação de um discurso oral prévio, a inscrição de uma linguagem falada, mas é o pensamento humano diretamente trazido à escrita sem o estádio intermediário da linguagem falada. Certo é que racionalidade, linguagem, descrição e argumento, todos se podem referir tanto a alguma realidade objetiva como a alguma teoria (crítica). Portanto, aos efeitos de nosso estudo, concordamos com a ideia de que o conhecimento (subjetivo e objetivo) e a linguagem estão estreitamente ligadas.

Podemos operar com um dado conhecimento só quando este se adotou na forma da linguagem. Destarte, por meio da linguagem (da palavra articulada), podemos

---

[119] RICOEUR, Paul. *Teoria da Interpretação*: *o discurso e o excesso de significação*. Lisboa: Edições 70, 1976, p. 40.

[120] RICOEUR, Paul. *Teoria da Interpretação*: *o discurso e o excesso de significação*. Lisboa: Edições 70, 1976, p. 40.

expressar, isto é, representar os pensamentos e as opiniões formadas tendo como base objetos, fenômenos e ideias. Assim, a linguagem aparece como um meio que vincula as nossas mentes ao mundo.

É obvio que para explicitar o nosso conhecimento, isto é, para explicar uma ideia ou teoria devemos usar palavras (conceitos e categorias). Para compreender o significado do explicitado (explicado) investigamos (interpretamos) o sentido e o alcance da fala ou da escrita, descendo da ideia à palavra que a exprime. Assim sendo, todo homem, em condições normais, é capaz de falar, pois é capaz de compreender os sinais, e a reflexão da qual se serve intencionalmente. O homem, fazendo uso da linguagem, é capaz de conhecer e refletir a realidade por meio do pensamento. Ela (a linguagem) designa e expressa o pensamento, eis o nexo entre a linguagem e o conhecimento.

Contudo, qualquer que sejam as prerrogativas da linguagem falada, as palavras se perdem; daí a necessidade de fixá-la, expressá-la por meio da escrita. É nesse sentido que o pensamento humano é trazido à escrita, tomando a esta última o lugar da fala[121] e isto também acontece com o texto normativo.

Entre as grandes vantagens da escrita, podemos destacar a sua fixidez, sua permanência. Fixando o pensamento, a escrita o coloca em condições de perdurar no tempo e espaço, de falar aos ausentes e às gerações futuras. Assim, podemos dizer que a escrita é a memória da humanidade.

Resumindo, da interconexão entre linguagem e direito podemos deduzir o seguinte:

Primeiro: O conhecimento jurídico é o resultado de uma atividade humana, isto é, uma assimilação ideal da realidade jurídica indispensável ao desenvolvimento da ciência. Assim sendo, o conhecimento é a expressão de um sistema linguístico (enunciados da ciência).

Segundo: Existe uma estreita relação entre realidade, pensamento e linguagem, pois as palavras (as figuras jurídicas) refletem propriedades (qualidades, quantidades ou valores) já constatadas nos fenômenos, nas relações e, ainda, nas decisões e normas. Assim sendo, sem uma ideia a exprimir, a palavra já não é palavra, mas mero som. Todo pensamento permanece mais ou menos incompleto enquanto não se houver revestido de sua expressão.

---

[121] RICOEUR, Paul. *Teoria da Interpretação*: *o discurso e o excesso de significação*. Lisboa: Edições 70, 1976, p. 40.

Terceiro: A linguagem jurídica é um instrumento do conhecimento e da comunicação, isto é, um conjunto de sinais destinado a exprimir o pensamento e prescrever condutas. Porém, antes de comunicar e de exprimir um sinal (proibir ou permitir), precisamos de alguma coisa a significar, isto é, de uma conduta, de uma política, de uma relação etc. Nesse sentido, o fim principal da linguagem jurídica é comunicar ideias de organização, por meio de ordens ou comandos, mas também a disseminação de um conhecimento, de um agir conforme a valores (consciência social: jurídica e moral) e instruir a quem lê, escuta e se interessa pelas ciências e pela ordem normativa: suas regras e dispositivos.

Assim, a finalidade da linguagem, isto é, do discurso jurídico, diferentemente de outras ciências, se molda a uma tipologia de específica, a saber: *valorativa*, *descritiva*, *prescritiva*. Assim, por exemplo, a linguagem científica (doutrinária) é essencialmente descritiva e argumentativa (exemplo: *A* é *B*, por *C*), isto é, tem como função a descrição e a argumentação das teses. O juízo valorativo resulta da linguagem valorativa, isto é, se faz possível quando invocamos valores (Se *A* é Justo, *A* é Bom). Já o texto normativo se constrói com recursos próprios da linguagem prescritiva (Se *A* é Ruim, deve ser proibido. Logo, não é permitido *A* ou se *A*, deve ser *B, mas, se não B, então C* – sanção).

Destarte, o Direito se faz cada dia mais simbólico pela necessidade da escrita (discurso). Observa-se que tanto as teorias quanto os códigos existem como um sistema de signos, isto é, de símbolos, por meio dos quais se procura explicar, descrever ou prescrever ou fato ou a conduta. Devido a essa dialeticidade, modernamente alguns autores se empenham em demonstrar que o Direito é um texto: o Direito como Texto, buscando nesse texto, ora como objeto de estudo, os problemas que nascem da lógica ou da interpretação (hermenêutica). A teoria é falha quando unicamente coloca em relevância a norma, isto é, a linguagem prescritiva.

Todavia, esta expressão simbólica está bem presente no direito moderno, basta lembrar que muitas das leis de trânsito se tornam explícitas mediante placas nas quais só aparecem certas setas ou desenhos. Nas normas comunicadas por símbolos, linguísticos ou não, a determinação de qual norma foi sancionada pressupõe a atividade *interpretar* tais símbolos, ou seja, de atribuir-lhes significado[122].

---

[122] NINO, Carlos Santiago. *Introdução à análise do direito*. Trad. Elza Maria Gasparotto; revisão da tradução Denise Matos Marino. São Paulo: Editora WMF Martins Fontes, 2010, p. 290.

E, é esse o sentido da *Teoria Comunicacional do Direito*, por meio da qual se propõe uma nova leitura do direito, tomando como tese principal que o Direito é um grande fato comunicacional. Trata-se, pois, de uma concepção que tem em vista a perspectiva histórica, numa análise longitudinal da realidade. Como visto, tal perspectiva teórica situa-se no marco da filosofia da linguagem, mas pressupõe interessante combinação entre o método analítico e o hermenêutico. Diz-se de uma nova e instigante Teoria do Direito, que se ocupa das normas jurídicas enquanto mensagens produzidas pela autoridade competente e dirigidas aos integrantes da comunidade social[123].

Certamente, por meio de dispositivos o legislador comunica aos destinatários semelhantes um dever ser, o comando que objetiva inibir a conduta humana. Mas, a afirmação de que, unicamente, pelo fato da positivação de normas, o aplicador do direito, há de agir seguindo o comando prescrito, é utópica, é uma falácia. Acontece que, na prática, com muita frequência, o aplicador desse direito sujeita-se a sua própria "convicção" ao fazer uso da norma (dos princípios e das regras) para concretizar a sua própria "justiça".

Resumidamente, "na medida em que a hermenêutica é intepretação orientada para textos e na medida em que os textos são, entre outra coisa, exemplos da linguagem escrita, nenhuma teoria da interpretação é possível que não se prendam com o problema da escrita"[124]. Assim sendo, é legitimo afirmar que, se por um lado, o direito é *texto*, por outro é também *ação* e, tais características e sentidos serão objeto de análise nos seguintes tópicos.

3.4 O texto como objeto de interpretação

Nesta subseção coloca-se em debate uma das teorias por meio da qual caracteriza-se o direito como um texto. Diz-se, assim, da teoria comunicacional do direito.

Autores que consideram ser o Direito um Texto insistem na ideia de que ele é um mero sistema de comunicação. Por esse caminho, qualquer análise do fenômeno jurídico há de ser feito "percorrendo o estudo do emitente, da mensagem, do meio e do receptor"[125].

---

123 ROBLES, Gregorio. *O direito como texto: quatro estudos de teoria comunicacional do direito*. Trad. de Roberto Barbosa Alves. Barueri, São Paulo: Manole, 2005.

124 RICOEUR, Paul. *Teoria da Interpretação: o discurso e o excesso de significação*. Lisboa: Edições 70, 1976, p. 29, 37.

A concepção em estudo considera que o Direito se manifesta necessariamente na forma de linguagem: é linguagem, é texto. Contudo, todo direito é uma mensagem expressa em forma de texto e espera-se, assim, superar a já criticada "teoria normativa ou pura do direito".

Conforme os ensinamentos de Gregório Robles[126], cada ordenamento jurídico é um texto gerado por *atos de fala*, que denominamos *decisões* jurídicas. As decisões geram texto num processo inacabado até que o ordenamento, por qualquer razão, desapareça. Conforme o nosso autor, as decisões produzem texto *verbalizado* cujas unidades elementares chamamos de *normas jurídicas*. Estas normas jurídicas não são proporcionadas diretamente pelas decisões, mas, em verdade, constituem o resultado de uma reconstrução hermenêutica que opera sobre o *material bruto* do *ordenamento*. O conjunto das normas forma o *sistema jurídico*, conceito paralelo ao de ordenamento, mas que não se confunde com ele porque o *sistema* também é produto da reconstrução hermenêutica do material bruto que o ordenamento é.

Para Robles, as decisões e as normas se articulam em torno de unidades mais amplas que estas últimas, chamadas instituições jurídicas. Estas refletem o aspecto organizador do texto jurídico, que não pode ser entendido como mera agregação de normas[127]. Veja-se aí que, conforme esse argumento, o direito continua a ser norma prescritiva de conduta. A contribuição da teoria radica na necessidade de orientar, por meio de tais normas, o comportamento humano, conforme os valores presentes na consciência coletiva. Porém é falha ao esquecer outros tantos domínios do Direito.

Dentre as teses propostas pelo autor podemos citar as seguintes[128]:

a) o direito é texto: por trás do texto há mais coisas (como homens, interesses, aspirações, ideias, bens, conflitos, decisões, poderes, sujeições, vinculações etc.);

b) o fenômeno jurídico se nos apresenta em forma de linguagem. Assim, o Direito é um grande fato comunicacional;

---

[125] ROBLES, Gregorio. *O direito como texto: quatro estudos de teoria comunicacional do direito*. Trad. de Roberto Barbosa Alves. Barueri, São Paulo: Manole, 2005.

[126] ROBLES, Gregorio. *O direito como texto: quatro estudos de teoria comunicacional do direito*. Trad. de Roberto Barbosa Alves. Barueri, São Paulo: Manole, 2005, p. 1-2.

[127] Tem especial importância a diferenciação entre o conceito e ordenamento e o conceito de sistema. Para o autor, o ordenamento é o texto jurídico bruto, resultado da atividade de decisão, o sistema representa o texto jurídico elaborado graças ao trabalho da dogmática jurídica. Esta não é entendida como uma ciência descritiva, mas construtiva e prática; e o sistema que ela produz é o verdadeiro centro de interesse da teoria do direito.

[128] ROBLES, Gregorio. *O direito como texto: quatro estudos de teoria comunicacional do direito*. Trad. de Roberto Barbosa Alves. Barueri, São Paulo: Manole, 2005, p. 13, 19, 29.

c) o Direito é um fenômeno de comunicação e não apenas uma ordem coativa de conduta humana, um meio de controle social ou um ideal de justiça.

Assim, podemos atribuir ao reducionismo Roblesiano a seguinte repercussão metodológica:

1. Contribuição epistemológica: Por meio da teoria comunicacional se nos apresenta o Direito como linguagem (não como um direito puro: ordenamento), mas como o material empírico (sistema impuro[129]), objeto das pesquisas, que orienta o comportamento das pessoas de tal modo que se estabeleçam os valores presentes na consciência coletiva.

2. Contribuição metodológica: A teoria aponta o método hermenêutico-analítico como recurso necessário para a abordagem do direito escrito. Assim, nos fornece as bases para novas formar (axiologia) de interpretação e de argumentação jurídicas.

Quanto à contribuição da proposta do autor, resumidamente, pode-se afirmar que sua teoria se limita a apontar o modo universal de apresentação do direito na comunicação humana, que como tal pode servir de ponto de partida para um enfoque teórico. A teoria não é incompatível com teses ontológicas *fortes*, como aquela que afirma que o direito é *o justo*, ou que sustenta que é *fato social*.

Duas críticas:

Primeiro, se bem é certo que, por trás do texto há mais coisas (como homens, interesses, aspirações, ideias, bens, conflitos, decisões, poderes, sujeições etc.), o sentido do texto não está por detrás do texto, mas à sua frente. Não é algo oculto, mas algo a ser descoberto. O que importa compreender não é a situação inicial do discurso, mas o que aponta para um mundo possível. Assim, a compreensão tem muito menos a ver com o autor do texto. Procura apreender as posições de mundo descortinadas pela referência do texto. Eis que o texto fala de um mundo possível e de um modo possível de alguém nele se orientar. As dimensões deste mundo são propriamente abertas e descortinadas pela interpretação do texto[130].

---

[129] Consideramos a norma (conjunto de normas: ordenamento) um material impuro, pois os processos da sua criação, interpretação e integração se ligam a outros fatores não normativos (sociológico, político e valorativo).

[130] RICOEUR, Paul. *Teoria da Interpretação: o discurso e o excesso de significação*. Lisboa: Edições 70, 1976, p. 99.

Segundo, ao reduzirmos o Direito a um Texto assumimos unicamente como relevante, para as pesquisas e a prática jurídica, o caráter linguístico desta importante área do saber humano; e isto significa, reduzir todos os problemas e dimensões jurídicas a um aspecto específico da ordem normativa escrita: seu texto. Essa, por sua vez, é a maior crítica aqui pode ser feita à teoria comunicacional do direito, por envolver determinados inconvenientes e obstáculos à concretização de direitos.

Conclui-se que, o conhecimento jurídico é o resultado de uma atividade humana, isto é, uma assimilação ideal da realidade jurídica indispensável ao desenvolvimento da ciência, sendo que tal conhecimento é a expressão de um sistema linguístico (enunciados da ciência). Igualmente, existe uma estreita relação entre realidade, pensamento e linguagem, pois as palavras (as figuras jurídicas) refletem propriedades (qualidades, quantidades ou valores) já constatadas nos fenômenos, nas relações e, ainda, nas decisões e normas (enunciados prescritivos). No mesmo sentido, a linguagem jurídica é um instrumento do conhecimento e da comunicação, isto é, um conjunto de sinais destinado a exprimir o pensamento e prescrever condutas. Nesse sentido, o fim principal da linguagem jurídica é comunicar ideias de organização, por meio de ordens ou comandos, mas também a disseminação de um conhecimento, de um agir conforme a valores (consciência social: jurídica e moral) e instruir a quem lê, escuta e se interessa pelas ciências e pela ordem normativa: suas regras e dispositivos.

Mas, nem tudo é perfeito: existem limites e obstáculos à interpretação dos enunciados ou proposições jurídicas.

3.4.1 Os limites do direito enquanto texto: obstáculos à interpretação

Nesta seção abordar-se-iam os chamados limites da linguagem do direito (enunciados da ciência) e da linguagem do direito (prescrições jurídicas). Neste último caso nos referimos ao texto positivado; trata-se de uma noção que integra os denominados "pecados do positivismo", fundada na ideia de a norma escrita é a plena manifestação do direito.

A primeira questão a ser considerar é que a linguagem em geral, assim como a linguagem jurídica em particular não são capazes de captar a realidade socioeconômica na sua plenitude. Ela não é um fotocopia da realidade, pois, "apenas apreende a espuma na superfície da vida"[131].

---

[131] RICOEUR, Paul. *Teoria da Interpretação: o discurso e o excesso de significação*. Lisboa: Edições 70,

Pois bem, assim, como apontado na introdução ao presente trabalho, a positivação de direitos pode ser, de fato, uma condição da concretização de direitos, pois, por meio dela objetivamos (tornamos concreto), sistematizamos e comunicamos uma mensagem. Mas, acontece que *nem todo direito positivado é concretizado* (nem concretizável).

Primeiramente, é louvável aceitar a ideia de que todo texto, mesmo antes de sua integração e aplicação, precisa de interpretação, processo pelo qual o agente (intérprete e aplicador do direito) tenta desvendar o sentido e o alcance da norma posta em texto. Em segundo lugar, a concretização de direitos, também, se faz depender da sua interpretação e aplicação.

E aqui surge um interessante problema: como bem assinala Carlos Maximiliano[132] a interpretação pode vir a ter como causas as dúvidas surgidas após a promulgação dos instrumentos jurídicos sobre a aplicação de dispositivos bem redigidos, pois acontece que o legislador oferece preceitos abstratos, traçando os delineamentos exteriores da ordem jurídica, dentre os quais o intérprete acomoda isoladamente o caso concreto.

Assim, os problemas da interpretação, da integração (da aplicação) e, da consequente concretização de normas e direitos, também estão vinculados à linguagem e à lógica jurídica e, por este motivo, ao se interpretar deve-se utilizar o método exegético-analítico, com o qual se verifica a intenção do legislador, por meio da análise do sentido das palavras utilizadas no texto.

Neste sentido, o conhecimento do uso da linguagem e da lógica jurídica nos permite entender corretamente o sentido dado à redação da norma. Igualmente, o conhecimento do uso da linguagem e da lógica jurídica é ferramenta fundamental que nos permite argumentar uma sentença, fundamentar adequadamente um relatório e realizar todo o trabalho de aplicação da lei.

Mas, quais obstáculos podem vir a incidir nos processos de interpretação, integração e concretização?

Eis aqui a nossa resposta: existem obstáculos à interpretação dos enunciados da ciência e obstáculos à interpretação das prescrições normativas.

1976, p. 75.

[132] MAXIMILIANO, Carlos. *Hermenêutica e Aplicação do Direito*. 16. ed. Rio de Janeiro: Forense, 1996, p. 11.

Dentre dos obstáculos à interpretação dos enunciados da ciência podemos citar os seguintes[133]:

a) As ciências sociais não dispõem de teorias explicativas que lhes permitam abstrair do real para depois buscar nele, de modo metodologicamente controlado, a prova adequada;

b) As ciências sociais não podem estabelecer leis universais porque os fenômenos sociais são historicamente condicionados e culturalmente determinados;

c) As ciências sociais não podem produzir previsões fiáveis porque os seres humanos modificam o seu comportamento em função do conhecimento que sobre ele se adquire;

d) Os fenômenos sociais são de natureza subjetiva e como tal não se deixam captar pela objetividade do comportamento;

e) As ciências sociais não são objetivas porque o cientista social não pode libertar-se no ato de observação dos valores que informa a sua prática em geral e, portanto, também a sua prática de cientista.

A formulação de norma por meio da linguagem corrente faz que a expressão da intenção do legislador esteja limitada pelas falhas que a própria linguagem representa. Isto, pois, em direito, ter dúvidas interpretativas sobre o significado de um texto legal supõe uma falta de certeza sobre a identificação da norma contida nesse texto ou, o que dá na mesma, implica indeterminação das soluções normativas que a ordem jurídica estipulou para certos casos[134].

Muito resumidamente, há no mínimo **seis obstáculos** que limitam os processos de interpretação das prescrições normativas, a saber:

1) A imprecisão da linguagem;

2) A possibilidade de existirem conflitos entre normas: regras e princípios;

3) A existência de casos que requerem uma regulamentação jurídica específica;

---

133 ERNEST Nagel. The Structure of Science. Problems in the Logico of Scientific Explanation, *apud*, SANTOS, Boaventura de Sousa. *Um discurso sobre as ciências*. 7. ed. São Paulo: Cortez, 2010, p. 36.

134 NINO, Carlos Santiago. *Introdução à análise do direito*. Trad. Elza Maria Gasparotto; revisão da tradução Denise Matos Marino. São Paulo: Editora WMF Martins Fontes, 2010, p. 291, 307.

4) A possibilidade de existirem decisões contrária à literalidade da norma;

5) A ausência de meios ou mecanismos de concretização e;

6) A falta de vontade, preferências ideológicas, interesses econômicos e insuficiente consciência jurídica e moral.

Ressaltam-se, ainda,

a) a falta de tecnicismos jurídicos (o desconhecimento ou mal uso das técnicas legislativa);

b) o excesso de proibições (normas proibitivas);

c) uso e abuso de conceitos abstratos (generalidade *versus* abstratividade);

d) lacunas no ordenamento, lacunas legais, omissão não intencional ou voluntária;

e) falta de objetividade jurídica.

Assim, a linguagem usada pelo legislador compromete a intepretação em decorrência de suas expressões serem interpretadas de acordo com o significado que lhes é atribuído pelos costumes linguísticos do grupo social ao qual as normas se destinam. Certamente, os símbolos linguísticos não têm por que ter outro sentido além do que recebem de quem os usa. Entretanto, isso está condicionado, no direito, **pela dificuldade de conhecer a intenção dos legisladores**, aos quais muitas vezes suas normas sobrevivem, e pela convenção, vigente na dogmática atual, de que **a intenção do legislador não é um critério decisivo para atribuir significado às suas palavras**, tendo preferência sobre ele a determinação de como essas palavras seriam **razoavelmente** interpretadas por seus destinatários e as considerações sobre a relação que a norma em questão deve ter com outras que integram o sistema jurídico[135].

A respeito dos excessos de proibições (normas proibitivas) que gera burocracia, informalidade e corrupção. Lembra-se que: "a lei é imperativa para um e, desse modo, permissiva para outro. Ao obrigar um indivíduo a certa conduta para com outro indivíduo, a norma jurídica garante a este a conduta correspondente daquele"[136].

[135] NINO, Carlos Santiago. *Introdução à análise do direito*. Trad. Elza Maria Gasparotto; revisão da tradução Denise Matos Marino. São Paulo: Editora WMF Martins Fontes, 2010, p. 291.

[136] KELSEN, Hans. *Teoria geral do direito e do estado*. 4. ed. Tradução de Luís Carlos Borges. São Paulo: Martins Fontes, 2005, p. 110.

A respeito dos abusos de termos (conceitos) abstratos, coloca-se em destaque os conceitos generalidade[137] *versus* Abstratividade[138]. Vejamos.

Defesa: Além de ser geral, diz Vasconcelos (1978, 182) "a norma jurídica deveria ser abstrata, isto é, teria de preceituar em tese. Generalidade e abstratividade seriam meios imprescindíveis, na concepção do legislador, à garantia da idoneidade da lei, mantendo-a à margem das disputas pessoais. Aspirava-se assegurar a certeza do direito, único valor que o positivismo soube distinguir".

Crítica: A norma de direito fundamental tem como caraterística fundamental sua universalidade (alcança a todos), que não é condição da abstratividade, que além de eliminar, origina disputas pessoais. Logo, uma menor abstratividade é condição da melhor interpretação e consequente concretização. Assim, deve-se evitar o uso de termos vagos e ambíguos, aqueles que origina a subjetividade: "que deve ser corrigida por quem aplica o direito, pois em alguns casos o legislador diz mais e em outros menos".

Igualmente, a procura abusiva (em excesso) por novos conceitos retira da ciência sua segurança e certeza e a degrada em trabalho manual. Tais excessos podem ser considerados a-científicos, por travar uma luta de vida ou morte com ela (com a ciência). Então, surge uma multidão de autores, montanhas de citações, convidado o cientista a fazer literatura de segunda mão com tesouras. Isto aconteceu na época dos pós-glosadores e depois, no século XVII e no século atual[139].

Assim, como Aristóteles[140] ensinaria:

> não basta a ciência ser internamente coerente: ela deve também ser ciência sobre a realidade. Desse modo, não é suficiente que ela parta de axiomas e teses, desenvolvendo-se dedutivamente com rigor lógico. A definição nominal diz apenas o que uma coisa é, mas não afirma que ela é, ou seja, que realmente existe. Afirmar a existência seria, assim, mais do que apresentar uma tese, explorar o significado de uma palavra: seria assumir uma hipótese. Por meio de hipóteses, cada ciência afirma a existência de certos objetos [...].

---

137 A norma é geral, porque seu preceito se dirige indiscriminadamente a todos. Especificando melhor: a todos, segundo a igualdade de situações.

138 De difícil compreensão, termo impreciso, obscuro.

139 IHERING, Rudolf von. *É o direito uma ciência?* Trad. Hiltomar Martins Oliveira. São Paulo: Rideel, 2005, p. 57-58.

140 ARISTÓTELES. Poética, Organon, Política e Constituição de Atena. In *Os Pensadores*. São Paulo: Nova Cultura, 1999, p. 19.

De fato, no processo de interpretação normativa, devido a que os legisladores estão condicionados, na expressão da sua intenção, pelas leis e regras de inferências lógicas, o processo de interpretação também fica condenado a uma análise lógica dos enunciados normativos, e esta exigência pode vir a desqualificar o intérprete ou a mostra consequências não previstas por seus autores. Eis que podem vir a surgir problemas lógicos, como contradições, lacunas, redundâncias etc. que não se apresentam nas normas isoladas, mas aparecem toda vez que entram em relação com o restante do sistema jurídico[141].

Quanto às lacunas legais: omissão não intencional ou voluntárias (ausência de regra), dever-se-ia estabelecer uma d*istinção* entre as lacunas no ordenamento, inexistência de lei e as lacunas de lei, deficiência na lei, inexistência de uma norma ou regra aplicável ao caso concreto, problema que inspirou a regra de hermenêutica contida no Decreto-lei nº 4.657, de 4 de setembro de 1942 (Lei de Introdução às Normas do Direito Brasileiro): Art. 4º Quando a lei for omissa, o juiz decidirá o caso de acordo com a analogia, os costumes e os princípios gerais de direito.

Todavia, as lacunas podem ser axiológicas ou de reconhecimento. No primeiro caso, lacunas axiológicas, são criados critérios que não considerados pelo legislador; nestes casos existe uma solução que não nos parece adequada. Já, a lacuna de reconhecimento, o caso, ao não poder ser provado, não pode se incorporar à norma. Existe a lacuna de reconhecimento quando não sabemos se o caso ou suposição está dentro do alcance da norma, porque alguma deficiência na linguagem nos impede de obter esta determinação.

Mas, o obstáculo mais preocupante de todos os anteriormente listados é falta de vontade, preferências ideológicas, interesses econômicos e insuficiente consciência jurídica e moral. Vê-se que toda interpretação e decisão pode estar influenciada por determinadas preferencias ideológicas, crenças e interesses econômicos colocando em crise o que comumente entendemos por justiça.

Essa sempre foi uma das preocupações de consagrados teóricos do direito ao afirmarem que a hermenêutica jurídica (Crítica Hermenêutica do Direito), tem como ponto de partida o estudo da interpretação jurídica, levando em consideração que, na medida em que o Poder Judiciário aplica o Direito constituído sob as bases de um

---

[141] NINO, Carlos Santiago. *Introdução à análise do direito*. Trad. Elza Maria Gasparotto; revisão da tradução Denise Matos Marino. São Paulo: Editora WMF Martins Fontes, 2010, p. 292.

Estado Democrático de Direito, não tem legitimidade para que interprete o Direito conforme suas preferências políticas, morais ou econômicas, mas encontrar a resposta adequada à Constituição. Não há espaço, em uma democracia, para decisões arbitrárias. Desse modo, a questão da hermenêutica jurídica está intimamente relacionada com uma Teoria da Decisão Judicial preocupada em preservar as condições intersubjetivas pelas quais se permita chegar a melhor interpretação do Direito. Assim, a *Crítica Hermenêutica do Direito* se desenvolve através de uma imbricação entre o pensamento de Hans-Georg Gadamer e Ronald Dworkin, preocupando-se em especial com os problemas da discricionariedade judicial da maneira como se mostram no país, na busca da construção de uma teoria que possibilite apontar qual a interpretação adequada do Direito, ou, em outras palavras, o modo como os juízes devem decidir[142].

Nenhuma decisão jurídica é necessariamente a decisão correta. Os juízes representam diferentes posições quanto a questões controversas de direito e da moral. Decerto, um presidente tem a prerrogativa de designar juízes que compartilham suas convicções, desde que sejam honestos e capazes. Quando os homens discordam sobre os direitos morais, nenhuma das partes tem como provar seu ponto de vista e alguma decisão deve prevalecer, se não quisermos que a anarquia se instale. Em uma democracia que, em princípio, se respeita os direitos humanos fundamentais, todo cidadão tem um dever moral geral de obedecer a todas as leis, mesmo que ele queira que algumas delas sejam modificadas. Eles têm esse dever para com seus concidadãos que, para seu benefício, acatam leis de que não gostam. Mas este dever geral não pode ser um dever absoluto, porque mesmo uma sociedade em princípio justa pode produzir leis e políticas injustas, e um homem tem outros deveres além daqueles para contra o Estado[143].

Eu digo: Levar os direitos humanos e fundamentais a sério significa, a final, seguir uma teoria coerente sobre a natureza desses direitos e essa coerência pode e deve ser encontrada na moralidade pública.

3.4.1.1 Palavras vagas e ambíguas

Como visto anteriormente, o significado das proposições é determinado pelo

[142] STRECK, Lenio. Hermenêutica constitucional. Disponível em: https://enciclopediajuridica.pucsp.br/verbete/18/edicao-1/hermeneutica-constitucional Acesso: 15,01,2020.

[143] DWORKIN, Ronald. *Levando os direitos a sério*. Trad. Nelson Boeira. 2. ed. São Paulo, Martins Fontes, 2007, p. 283-287.

significado (significação) e pela *sintaxe* (conjunto de relações e combinações) das palavras (ou termos) que as constituem. Certamente, como a seguir estudaremos, as palavras podem gerar problemas de interpretação da linguagem jurídica.

Como, também, explica Carlos Nino[144], as palavras, assim como as notas musicais, as sirenes das ambulâncias, as luzes dos semáforos, as bandeiras dos navegantes etc., constituem *símbolos* para representar a realidade. Os *símbolos* devem ser distinguidos dos *signos*, que têm uma relação natural ou causal com o objeto que representam. Todavia, os símbolos têm apenas uma reação convencional com os objetos representados a representação não emana de uma ligação causal com o fenômeno representado, mas de convenções estabelecidas implicitamente pelos homens, isto é, regras que permitem se referir a certos fatos, coisas, relações, usando determinadas figuras, objetos etc. certamente, a dificuldade na interpretação nem sempre se deve ao fato do autor do texto não ter querido ou sabido comunicar uma ideia precisa, mas decorre da linguagem usada para se comunicar. Pode acontecer que a ideia que se pretende transmitir tenha mais profundidade que o significado das expressões linguísticas utilizadas ou vice-versa.

Com muita frequência meus alunos lamentam o fato de não compreender a linguagem usada por um ou outro autor. Assim, por exemplo, o sentido das obras de Habermas é impossível de ser desvendado pelos alunos não familiarizados com a linguagem usada pelo autor. Logo, se empenham em tentar especificar o significado das palavras traduzidas do idioma alemã, de acordo com o uso linguísticos brasileiros.

Nesse processo, será de grande utilidade considerar a distinção entre *símbolos* e *signos* e de observar que a linguagem é um sistema de símbolos evidencia-se quando percebemos que existe no pensamento comum uma tendência, racionalizada por alguma tradição filosófica de prestígio, de encarar as palavras como se fossem signos, ou seja, como se tivessem uma relação natural com aquilo que significam, independente da vontade dos homens. Destacam-se, assim, duas tendências interpretativas diferentes que podem ser adotadas perante um texto linguístico. A primeira é constituída por centralizar a preocupação na intenção daquele que formulou a oração; essa é uma intepretação *subjetiva*. A outra se preocupa não com o autor do texto, mas com o que o texto comunica, trata-se, pois, de uma interpretação *objetiva*. A propósito da linguagem

---

[144] NINO, Carlos Santiago. *Introdução à análise do direito*. Trad. Elza Maria Gasparotto; revisão da tradução Denise Matos Marino. São Paulo: Editora WMF Martins Fontes, 2010, p. 292-293, 305.

legal e o que aqui recomendamos como pragmatismo, predomina a tendência interpretativa objetiva[145].

Manuel Atienza[146] ao se referir à racionalidade linguística afirma que, vendo a legislação como um processo de comunicação e a lei como uma série de enunciados, seu conteúdo deve ser claro de maneira a não conter termos ou frases ambíguas (que possam ser interpretadas de mais de uma forma), ou conceitos intoleravelmente vagos (isto é, que gerem incerteza excessiva quanto à determinação de seu campo de aplicação).

Como definido anteriormente, a proposição pode ser definida com um conjunto de palavra que, ligadas, tem sentido: dão ideia de alguma coisa. Mas, também pode acontecer que uma única proposição pode vir a expressar mais de uma ideia ou sentido. Isso pode ocorrer quando algumas das palavras que a integram têm mais de um significado ou quanto a proposição tem uma equivocada conexão sintática.

O significado da *ambiguidade* e do *termo vago* nasce de conceitos distintos: a ambiguidade se predica das palavras e os termos vagos dos conceitos designados por elas ("excessos de sentidos"[147]). Assim, uma expressão é ambígua quando pode ser usada em diversos sentidos, por exemplo, a palavra "direito" resulta ambígua porque pode significar "conjunto de normas", ou "faculdade de fazer uma ação" etc.[148] Vejam-se, como exemplo, essa ambiguidade nas seguintes proposições:

P1 O café está frio.

P2 Pablo está frio.

P3 Pablo é frio.

Em P1, a palavra "frio" serve para denominar um estado de coisas empiricamente constatável. Em P2 a palavra o significado da palavra "frio" é indeterminada, pois não sabemos se faz referência à morte de do sujeito ou à condição de estar do seu corpo em relação ao clima. Já, no terceiro exemplo a palavra pode estar sendo usada para indicar um estado de animosidade, crueldade etc.

---

[145] NINO, Carlos Santiago. *Introdução à análise do direito*. Trad. Elza Maria Gasparotto; revisão da tradução Denise Matos Marino. São Paulo: Editora WMF Martins Fontes, 2010, p. 293, 306.

[146] ATIENZA, Manuel. *Tras la justicia*. Una introducción al Derecho y al razonamiento jurídico. Editorial Ariel, S.A., Barcelona, 1993.

[147] RICOEUR, Paul. *Teoria da Interpretação*: *o discurso e o excesso de significação*. Lisboa: Edições 70, 1976, p. 69.

[148] ATIENZA, Manuel. *Tras la justicia*. Una introducción al Derecho y al razonamiento jurídico. Editorial Ariel, S.A., Barcelona, 1993, p. 201.

Como explica Carlos Nino: "Há casos de ambiguidade semântica que não constituem uma simples homonímia acidental, ocasionando, sim, equívocos maiores, pelo fato de os vários significados da palavra terem uma profunda relação entre si"[149].

Podem existir palavras diferentes com o mesmo significado. Isso ocorre, por exemplo, com as palavras "jurisprudência" e "ciência do direito". A primeira é, com muita frequência usada na Europa, para fazer referência à segunda. Já, na América Latina ambas têm significados distintos: jurisprudência como conjunto de decisões emitidas pelos tribunais e ciência como conjunto de conhecimentos que integram o direito.

Igualmente podem existir palavras que, por significarem a mesma coisa ou coisas diferentes os doutrinadores podem não chegar a um consenso. Isso ocorre, por exemplo com as palavra "publicidade" e "propaganda". Assim, por exemplo, para uma parte da doutrina brasileira a "distinção não é relevante: os dois conceitos podem ser usados como sinônimo"[150]. Já outros consideram que "os termos publicidade e propaganda não são sinônimos embora habitualmente sejam utilizados um pelo outro até entre operadores do direito"[151].

Por outro lado, existem termos vagos numa norma quando desconhecemos a intenção concreta do legislador, ao utilizar palavras que geram dúvidas, pela incerteza de poder incluí-las ou não dentro de um significado. Como sabemos, a norma não é um pedido, nem tampouco um simples conselho jurídico. Por isto, os legisladores têm que ser cuidadosos, por exemplo, com o uso dos termos "dever" e "poder" nos textos, ao orientar determinadas condutas, ao permitir, ou ao proibir determinados atos jurídicos.

Ao se referir aos termos vagos, Genaro R. Carrió[152] demonstra que aqui a incerteza na aplicação ou interpretação de certas palavras não tem como causa o desconhecimento de seus sentidos, porque sobre eles não temos dúvidas. O que ocorre,

---

149 NINO, Carlos Santiago. *Introdução à análise do direito*. Trad. Elza Maria Gasparotto; revisão da tradução Denise Matos Marino. São Paulo: Editora WMF Martins Fontes, 2010, p. 297.

150 NUNES, Luis Antônio Rizzatto. *Curso de direito do consumidor*. 6. ed. ver. e atual. São Paulo: Saraiva, 2011, p. 493. [Ambos os termos são adequados para expressar o sentido desejado pelo anunciante do produto ou serviço. Juridicamente os termos usam-se como sinônimo. (Exs. CF artigos 220, § 3º, II "propaganda comercial", artigo 22, XXIX, e § 4º do artigo 220, "publicidade" dos atos processuais, artigo 37, "publicidade"].

151 CAVALIERI FILHO, Sergio. *Programa de direito do consumidor*. 2. ed. São Paulo: Atlas, 2010, p. 121. [A publicidade, afirma o autor, tem objetivo comercial, próprio para anunciar produtos e serviços possíveis de negociação. Já a propaganda visa um fim ideológico, próprio para a propagação de princípios, idéias, teorias, com objetivo religioso, político ou cívico].

152 CARRIÓ, Genaro R. *Notas Sobre Derecho y Leguaje*. 2. ed. Buenos Aires: Abeledo-Perrot, 1990.

afirma, é que não se sabe onde termina o campo de aplicação das palavras; esta situação acontece quando as palavras têm como critério relevante de aplicação a presença de uma característica ou propriedade em que os fatos ocorrem de forma contínua, como a idade, a altura, ou o número de fios de cabelos que um homem deve ter; para determiná-los nos valemos de palavras ou expressões tais como "jovem", "adulto", "ancião", "homem de idade", "pessoa madura", "alto", "baixo", "calvo" etc.

A questão, segundo o autor citado, é que já se sabe o que quer dizer "jovem" ou "calvo", e por isso não se trata de um problema de ambiguidade. O problema é outro, pois carecem de sentido perguntas tais como: qual é a idade precisa em que se deixa de ser jovem, quantos fios de cabelos há que se ter para não ser calvo, ou quanto há que se medir para ser alto; devido a isso temos uma ampla quantidade de casos possíveis, frente aos quais não sabemos o que fazer.

Em princípio, é considerado ambíguo aquilo que pode ser entendido de vários modos, ou aquilo que admite distintas interpretações, trazendo, por conseguinte, motivos de dúvidas, incerteza ou confusão. A ambiguidade deriva quase sempre de algum descuido na redação do texto da lei, pela utilização de palavras ou frases incorretas, ou por ser deficiente a colocação dos termos ou dos sinais de pontuação.

A partir de uma perspectiva geral de técnica legislativa, afirma Aguiló[153] que é comum distinguir três tipos de ambiguidades:

- A ambiguidade semântica: refere-se ao uso de palavras que têm pluralidade de significados.

- A ambiguidade contextual: existe quando um determinado texto é suscetível de ser interpretado de diversas maneiras. Sua origem pode ser diversa, podendo haver ambiguidade do contexto quando em um texto se utiliza uma palavra que tem vários significados (ambiguidade semântica), não permitindo determinar a qual deles se faz referência.

- A ambiguidade sintática: origina-se do caráter impreciso que na linguagem natural normalmente têm as conectivas "e", "ou", "sim", "então", "a menos que" etc., ou seja, tudo o que gera problemas interpretativos. No entanto, deve-se prestar atenção fundamentalmente à ambiguidade do contexto e à sintaxe, pois a semântica só é

---

[153] AGUILÓ Regla, Josep. *Sobre la Derogación*. Ensaio de Dinámica Jurídica. Distribuciones Fontamara, S.A., México, D.F. [s.d.], 93-94.

problemática quando gera ambiguidade no contexto.

Neste sentido, Genaro R. Carrió[154], em suas "Notas sobre direito e linguagem", reconhece que nem todas as palavras são usadas, em todos os contextos, para conotar as mesmas propriedades; como exemplo indica que a palavra rádio pode significar "equipamento elétrico que serve para escutar músicas e notícias", "metal descoberto pelo casal Curie", "a metade do diâmetro", "a ação de certa influência política" ou "a rádio central da cidade".

Enfim, uma norma mal redigida pelo legislador produz obscuridade e dificuldade na sua interpretação, limitando as pesquisas dos encarregados de explicar o direito (professores) e dos encarregados de aplicá-lo ou executá-lo (juízes). Uma norma é obscura se nela há palavras ambíguas ou conceitos equívocos.

Os seguintes exemplos, propostos por Silvia Maria Aidar Ferreira[155], ilustram alguns preceitos onde a obscuridade pode ser observada:

- *Termos vagos*

Artigo 22 do Código Penal Brasileiro. - "Se o fato é cometido sob **coação irresistível** ou em estrita obediência à ordem, não manifestamente ilegal, de superior hierárquico, só é punível o Autor da coação ou da ordem".

Artigo 154 do Código Penal Brasileiro. - "Revelar a alguém, sem **justa causa**, segredo de que tem ciência em razão de função, ministério, ofício ou profissão, e cuja revelação possa produzir dano a outrem".

- *Termo ambíguo*

Artigo 277 do Código Civil Brasileiro. - "A **mulher** é obrigada a contribuir para as despesas do casal com os rendimentos de seus bens, na proporção de seu valor, relativamente ao dos do marido, salvo estipulação em contrário no contrato antenupcial".

Artigo 217 do Código Penal Brasileiro. - "Seduzir **mulher** virgem, menor de dezoito anos e maior de catorze, e ter com ela conjunção carnal, aproveitando-se de sua

---

[154] CARRIÓ, Genaro R. *Notas Sobre Derecho y Leguaje*. 2. ed. Buenos Aires: Abeledo-Perrot, p. 28-29.

[155] AIDAR Ferreira, Silvia Maria. *A importância da utilização das regras de interpretação das normas jurídicas na aplicação do Direito ao caso concreto*. Conclusão do Curso "Métodos de Interpretação Jurídica". Universidade Bandeirante de São Paulo. São Paulo, 2000.

inexperiência ou justificável confiança".

Diversos, pois, deverão ser os meios de interpretar uma lei obscura, ou ambígua. O primeiro, que logo e naturalmente ocorre, é o de exame na construção do seu texto segundo as regras de ortografia, de sintaxe, e do mais que respeita à pureza da linguagem, para ver se existe nesta parte alguma falta, que motive a obscuridade, e retificá-la no caso de existir, quer houvesse nascido da redação, quer de erros dos copistas e tipógrafos, devendo-se enunciar as causas da obscuridade e os motivos que justifiquem a retificação operada[156].

No exame das palavras deve-se também recorrer a seus diversos sentidos, ou seja, gramatical, jurídico, usual, absoluto ou relativo, exemplificativo ou taxativo, simplesmente enunciativo ou dispositivo etc., conforme o caso exigir, e sempre com o cuidado de dar às palavras a significação que tinham ao tempo em que a lei foi feita. Conseguindo-se, assim, ligar ao texto seu verdadeiro sentido, já não é lícito aventurar-se a outros meios, salvo se servirem de corroborar este mesmo sentido, redobrando sua força e autoridade[157].

Quando se indaga o significado da palavra devemos, por exemplo, perguntar: *o que é pobreza?* ou *o que a pobreza significa para a sociedade?*

No primeiro caso, explica Carlos Nino[158], a pergunta é respondida mostrando em que condições se usa a palavra pobreza, a resposta deve, então, consistir em uma informação sobre a linguagem, e não sobre a realidade mencionada por ela, exceto no aspecto óbvio de que definir uma palavra implica indicar os fatos aos quais a palavra se refere. No segundo caso, no qual se pressupõe um significado da palavra, e, por conseguinte, podem ser identificados os fatos que ela denota, responde-se assinalando algumas das propriedades que tais fatos apresentam na realidade. O significado da palavra estudo vai depender da concepção priorizada: considerar se as condições para o uso de uma palavra **são determinadas pela realidade** e não por certas **regras da linguagem convencionadas** pelas pessoas. Então, esclarecer o conceito de pobreza necessitará não de um levantamento dos casos em que se aplica a palavra, mas sim de determinar certas propriedades do conceito.

---

[156] PAULA Baptista, Francisco de. *Compêndio de Hermenêutica Jurídica.* São Paulo: Saraiva, 1984, p. 29.

[157] PAULA Baptista, Francisco de. *Compêndio de Hermenêutica Jurídica.* São Paulo: Saraiva, 1984, p. 29.

[158] NINO, Carlos Santiago. *Introdução à análise do direito*. Trad. Elza Maria Gasparotto; revisão da tradução Denise Matos Marino. São Paulo: Editora WMF Martins Fontes, 2010, p. 294-295.

O mesmo pode acontecer com o exame de outros conceitos: justiça, casamento, família, homoafetividade ou homossexualidade.

Igualmente, convém, em muitos casos, estudar a lei em todas as suas partes, ou no complexo de suas prescrições individuais, comparando a parte obscura com outras, cujas expressões empregadas em sentido determinado, ou cujo pensamento mais claro e desenvolvido, possam fazer cessar toda ambiguidade ou equívoco, pois que o mesmo espírito deve ter presidido a redação de toda a lei (a conformidade dos parágrafos antecedentes com os subsequentes da lei nos pontos essenciais constitui o seu espírito; basta algumas vezes comparar umas palavras com outras, pertencentes todas elas à mesma disposição. Exemplo: se uma lei condena aquele que perturba a posse de outrem a pagar certa soma, e a restituir a posse, o sentido da palavra posterior, *restituir*, mostra que a precedente, *perturba*, deve ser retificada no sentido de compreender tanto o caso de força espoliativa, cabendo a pena pecuniária em ambos estes casos, e a da restituição da posse no segundo caso somente)[159].

Ensina-nos igualmente Francisco de Paula que o intérprete tem ainda à sua disposição, se o caso o exigir, comparar a parte obscura da lei com outras leis anteriores e análogas pela justa razão de que o legislador deveria tê-las em consideração na ocasião de fazer a lei, para evitar incoerências e contradições, que desdissessem de seu caráter, e também com outras leis posteriores, que lhe não forem contrárias[160].

Vale consignar que a epígrafe da lei, seu preâmbulo, os trabalhos preparatórios para a sua confecção, como sejam as emendas seguidas de seus motivos na discussão, rejeitadas, ou que, havendo sido aprovadas, modificaram o projeto primitivo, e bem assim o exame do estado das coisas, existente antes ou ao tempo de fazer-se a lei, servem de esclarecer disposições obscuras e duvidosas, e suposto estes meios não sejam infalíveis, todavia, em suas afinidades mais ou menos íntimas com o conteúdo da lei, podem, em alguns casos, guiar o intérprete, vacilante sobre diversos sentidos, na adoção daquele que designe ao certo, ou mais provavelmente, a intenção da redação (entre os arrestos do Tribunal de Cassação de França existem muitos de alto merecimento, fundados sobre os trabalhos preparatórios do Código Civil)[161].

Vê-se que a interpretação nem sempre é pacífica, pois existem, de fato, casos

---

[159] PAULA Baptista, Francisco de. *Compêndio de Hermenêutica Jurídica*. São Paulo: Saraiva, 1984, p. 30.
[160] Ibid., p. 31.
[161] Ibid., p. 33.

fáceis (aqueles em que os fatos se encaixam com seguridade sob o âmbito de aplicação dos termos classificatórios gerais ou dos predicados utilizados pela disposição jurídica de que se trate) e casos difíceis (aqueles nos quais, devido à vagueza ou textura aberta desses mesmos predicados, torna-se duvidosa ou discutível sua aplicabilidade aos fatos do caso, ficando, assim, numa zona obscura de significação)[162].

Certamente, casos difíceis se apresentam, para qualquer juiz, quando sua análise preliminar não fizer prevalecer uma entre duas ou mais interpretações de uma lei ou de um julgado. Nesses casos, o julgador deve fazer uma escolha entre as interpretações **aceitáveis**, perguntando-se qual delas apresenta em sua melhor luz, do ponto de vista da moral política, a estrutura das instituições e decisões da comunidade – suas normas públicas como um todo[163].

Desta forma, para avaliar a existência de problemas na redação das normas, isto é, a existência de termos vagos e ambíguos, devemos levar em conta os seguintes aspectos:

PRIMEIRO: Analisar se o texto tem frases ou palavras ambíguas, se são utilizadas palavras com pluralidade de significados, ou se é utilizada uma palavra que pode ter vários significados, desta forma não nos permitindo distinguir a qual o legislador se referiu, gerando redação deficiente, contradições e obscuridade.

SEGUNDO: Deve ser verificado o uso injustificado da elipse, a equivocada omissão de termos ou expressões reconhecidas pela doutrina ou pela jurisprudência, a errônea definição legal de um termo em mais de um artigo, ou que um artigo contenha mais de uma definição[164]. A elipse propriamente se refere à supressão de palavras que não se consideram indispensáveis pelo legislador para a clareza da norma jurídica; isso pode trazer como consequência a imprecisão na determinação do sentido ou alcance da mesma.

TERCEIRO: Deve ser analisada detidamente a normativa que regula o regime jurídico de qualquer setor, se o seu grau de cumprimento é alto ou baixo. Da mesma forma, deve-se buscar o motivo pelo qual algumas normas não são cumpridas,

---

[162] MANERO, Juan Ruiz. *Epílogo*: interpretación jurídica y direcciones de ajuste. In, Doxa, Universidad de Alicante. Discusiones XII, nº 11, Año 2012, pp. 203 a 219, p. 209.
[163] DWORKIN, Ronald. *O Império dos direitos*. Trad. Jefferson Luiz Carmago. 2. ed. São Paulo Martins Fontes, 2007, p. 306.
[164] AGUILÓ Regla, Josep. *Sobre la Derogación*. Ensaio de Dinámica Jurídica. Distribuciones Fontamara, S.A., México, D.F. [s.d.], p. 94-99.

indagando o que poderia ser feito para conseguir que fossem cumpridas e se é possível educar os cidadãos no cumprimento estrito do direito.

QUARTO: Deve-se observar se as normas não contradizem os já reconhecidos Princípios Gerais de Direito e se não entram em contradição com outras normas de igual ou superior hierarquia (validade).

QUINTO: Deve-se constatar se à norma se atribui um significado de acordo com a finalidade da instituição a que pertence e com os objetivos políticos, econômicos e sociais que ela deve satisfazer.

Em suma, as palavras são usadas como abstrações obtivas dos fenômenos, coisas, acontecimentos ou relações observadas na realidade. Por esse motivo, no campo do trabalho interpretativo o objeto indireto (mediato) são os fenômenos e o objeto direito (imediato) produtos são os conceitos (as palavras).

Quando se fala do significado das palavras, costuma-se mencionar tanto a sua *denotação* (ou extensão), isto é, a classe de coisas ou fatos denominada pela palavra. Já, quanto a sua *designação* (ou conotação ou intenção) indica-se o conjunto de propriedades que as coisas ou fatos devem reunir para fazer pare da classe denotadas pelo termo. A designação e a conotação de uma palavra estão em função recíproca[165].

A designação, isto é, a indica-se do conjunto de propriedades que as coisas e relações podem ser aplicadas ou restringidas. Assim, como se verifica nos seguintes casos em estudo:

> ***Caso 1.*** Agravo de instrumento. Ação declaratória. União estável entre pessoas do mesmo sexo. Manifesta impossibilidade jurídica do pedido [...]. 1. A impossibilidade jurídica do pedido ocorre quando **a ordem jurídica não permite a tutela jurisdicional pretendida**. 2. Diante da norma expressa, contida no art. 226, § 3º, da CF, **somente entidade familiar por constituir união estável o relacionamento afetivo entre homem e mulher** [...]. (Tribunal de Justiça de MG, Relator: Rui Caetano Levi Lopes, Julgado em 22/03/2005. Publicado em 01/04/2005[166].

> ***Caso 2.*** "Como já se sabia em Roma *ubi societas, ibi jus* (onde está a sociedade está o direito) – o direito segue a evolução social, estabelecendo normas para a disciplina dos fenômenos já postos. Não é diferente neste caso: **o ato de constituição da união homoafetiva existe**, ocorre e gera efeitos juridicamente relevantes, que, portanto, merecem tratamento pelo direito". (Voto Ministro Luiz Fux, julgamento da ADI 4.277)[167].

---

[165] NINO, Carlos Santiago. *Introdução à análise do direito*. Trad. Elza Maria Gasparotto; revisão da tradução Denise Matos Marino. São Paulo: Editora WMF Martins Fontes, 2010, p. 297.
[166] Decisão disponível em: <http://www.tjmg.jus.br>. Acesso em: 30/06/2011

No primeiro caso (Caso 1) a designação da palavra "família" (ou entidade familiar) não é ampliada, porém restringida. Já, no segundo, Caso 2, a designação legal é ampliada (alargada), conforme a uma compreensão moderna é aplicada. O processo de ampliação gera novas definições que, de fato, entram em conflito com as definições historicamente reconhecidas, conflito que se torna evidente nas diversas decisões acerca de assuntos ou matérias similares, todas elas influenciadas pela convicção do julgador.

Resumidamente, as imperfeições do texto legal anteriormente estudadas são, de fato, um dos indicadores ou fatores que obriga o julgador a reformular (alargar ou restringir) o sentido das leis e dos precedentes judiciais para tentar, assim, eliminar as lacunas e as contradições normativas.

[167] Decisão disponível em: <http://www.tjmg.jus.br>. Acesso em: 15/07/2011

CAPÍTULO 4

PERSPECTIVAS DA INTERPRETAÇÃO MODERNA

Neste último capítulo discutiremos a perspectivas da interpretação moderna, denominação que usaremos como sinônimo do sentido hermenêutico. Assim sendo, indagaremos o sentido pragmático da mensagem contida no texto e representada pelo conjunto de signos que a exteriorizam. No mesmo sentido, cuidaremos dos pressupostos da interpretação do direito moderno, aqui considerados como condição necessária à interpretação do direito moderno, considerando, assim, determinadas orientações a serem consideradas como antecedente necessário à interpretação e à concretização. Com o intuito de bem conduzir o debate, nos permitimos voltar à ideia de que existem obstáculos à interpretação dos enunciados da ciência e dos enunciados prescritivos (normas). Igualmente, do ponto de vista externo (pragmático), existem fatores que incidem nesse processo, a saber, a "vontade", "interesses", "ideologias" e "consciência".

4.1 A concepção pragmática da interpretação jurídica

A presente seção é presidida pela premissa de que *nenhum direito se concretiza por si só*. Por esse motivo, não basta o direito ser posto em texto de lei, importa a ação humana, que é movida pela vontade e a consciência.

Assim sendo, o Direito consiste: na tomada de decisões e na justificação delas no âmbito da legislação, da jurisdição etc. Neste sentido, importa tomar a pragmática como centro de atenção da interpretação e da integração do direito. Contudo, para além dos enunciados (as premissas e a conclusão) ganham especial protagonismo os atores da argumentação (o orador, o proponente, o auditório), a intenção ou os objetivos prosseguidos por aqueles que desenvolvem essa atividade (persuadir, resolver divergência de opinião etc.)[168].

---

[168] ATIENZA, Manuel. *O direito como argumentação*. Portugal, Lisboa: Escolar Editora. 2014, p. 320-

Como visto, o conhecimento jurídico se objetiva por meio da fala ou da escrita. Ele se torna objetivo e acessível a todos por meio do discurso. É no discurso onde usamos construções linguísticas simbólicas (signos) que nos auxiliam na objetivação das nossas ideias e concepções.

O discurso, ensina Ricoeur pode ser "considerado quer como um evento ou uma proposição, isto é, como uma função predicativa combinada com uma identificação, é a unidade dialética de evento e significação na frase". Por significação entende-se o sentido ou conteúdo proposicional, isto é, a síntese de duas funções: a identificação e a predicação. Logo, não é o evento, enquanto transitório, que se procura compreender, mas a sua significação. É na linguística do discurso que o evento e a significação se articulam. Significar é o que o falante quer dizer, isto é, o que intenta dizer e o que a frase denota[169].

Mas, por causa da diversidade de significado e uso dos simbolismos afirma-se que nenhum enunciado interpretativo é apto para à verdade, eles carecem desta propriedade e, por esse motivo denominam-se enunciados interpretativos decisórios. Importa, assim, o estudo das relações entre sinonímia, significado e analiticidade, para poder entender o sentido pragmático das frases e discursos.

Eis que, sobre o mesmo fato podemos afirmar coisas diversas: podemos seduzir, induzir e persuadir o interlocutor acerca da minha verdade, tendo como referência um único fato. Assim, por exemplo:

P_1: O nosso Presidente Jair Bolsonaro inaugura em Goiás o primeiro hospital de campanha federal ou,

P_2: Após seis meses de Pandemia, Bolsonaro inaugura em Goiás o primeiro hospital de Campana Federal.

Cada um desses enunciados, veiculados pela imprensa brasileira, transferem uma mensagem, a partir de uma verdade construída discursivamente, usando o mesmo fato (a inauguração de um hospital de campana). Vejamos:

321.

169 RICOEUR, Paul. *Teoria da Interpretação*: *o discurso e o excesso de significação*. Lisboa: Edições 70, 1976, p. 23-24.

Na P_1 transfere-se, em primeiro lugar, a ideia de um "reconhecimento" (ao mérito) da pessoa de quem se fala e, em segundo lugar, a "aceitação" de sua condição de presidente (nosso presidente).

Já, na P_2, por um lado, transfere-se a ideia de um "não" reconhecimento (ao mérito) por comissão, implícito nas palavras (após seis meses de Pandemia) e, por outro, uma "não" aceitação (rejeição) evidente pela omissão de uma qualidade (a de ser seu presidente).

Nesses casos, a verdade dos enunciados interpretativos depende só do significado transferido pelo autor e, por esse motivo, eles são, em princípio, candidatos a verdades analíticas[170].

É na linguagem do discurso que o evento e a significação se articulam. Mas, nem a linguagem, nem o discurso falam, só as pessoas. O sentido da enunciação aponta para o significado do locutor graças à autorreferência do discurso. Há sempre mais de um modo de compreender e reconstruir um texto e, por esse motivo também as interpretações não são iguais: "a lógica da validação permite-nos girar entre os dois limites do dogmatismo e do ceticismo"[171]. Daí, a posição cética (o ceticismo) acerca dos significados é legitimada; caso contrário, não existiriam vários significados para a mesma e única questão.

Dessa complexidade, surgem os seguintes problemas levantado por Ludwig Wittgestein[172]: Como se identifica a experiência? Como fico de alguma forma sabendo dessa experiência? Existe ainda outras manifestações dessa vivência? Como se ensina a alguém a expressão desta experiencia, quando ela não é interpretada da mesma maneira?

Pois agora estou vendo, lendo ou escutando uma coisa que pode ser outra!

Todavia, o comunicador pode-se usar de recursos linguísticos com alta carga *afetivas*, com o único objetivo de veicular emoções, tais como "patriotismo", "soberania", "independência", "democracia", "liberdade", "nacionalismo" etc. haverá

---

170 MORESO, José Juan. Dos concepciones de la interpretación jurídica, In: *Doxa – Cuadernos de Filosofía del Derecho*, Alicante, Instituto Miguel de Cervantes. ISONOMÍA No. 29, p. 10 / Octubre 2008.

171 RICOEUR, Paul. *Teoria da Interpretação: o discurso e o excesso de significação*. Lisboa: Edições 70, 1976, p. 24-25, 91.

172 WITTGESTEIN, Ludwig. *Observações sobre a filosofia da psicologia* – vol. I e II. Tradução e revisão técnica Ricardo Hermann Ploch Machado. Aparecida, SP: Ideias & Letras, 2008, p. 14-15.

ocasiões em que serão lançadas dúvidas, não sobre o significado das proposições, mas sobre sua força[173].

Assim, as *palavras* surgem como sinais sensíveis e necessários da comunicação jurídica. Chama-se de *signo* ao aspecto material da palavra (o som, a escrita) por meio dos quais designamos os objetos, isto é, toda coisa ou toda representação, de que temos consciência. É por meio da combinação de palavras que objetivamos o nosso pensamento.

Com base nessa perspectiva pragmática a linguagem é vista como um sistema de regras e **convenções**, pelo qual os conjuntos de símbolos contam como sentenças bem formadas e significativas. O significado de uma frase é determinado pelo significado de suas partes e pela maneira como essas partes são combinadas. Fora de contexto, as palavras não têm referência e as sentenças não têm valor de verdade. Assim, o significado de uma palavra é consequência da sua condição de uso. Diz-se, assim, de uma abordagem contextualista, por meio da qual os atos de fala são os principais portadores de conteúdo, apenas em um determinado contexto uma frase expressa significado[174].

Defendemos, pois a ideia de que o sentido da interpretação deve ser determinado pela realidade onde o texto está inserido e que obviamente ele representa.

As palavras que constituem a linguagem são termos que resultam de uma razão e de uma necessidade, pois, por meio das palavras, representamos as ideias que nós formamos sobre as coisas ou fenômenos; assim, por exemplo, as palavras: imaginar, compreender, conceber, instalar, degustar, confusão, tranquilidade etc. são todas tomadas das operações das coisas sensíveis e aplicadas a certos modos de pensar. Nesse sentido, Leibniz considerava que:

> sendo as palavras empregadas pelos homens para serem sinais das suas ideias, podemos perguntar primeiro como é que estas palavras receberam um sentido determinado. Ora, temos que convir em que tal acontece, não por

[173] NINO, Carlos Santiago. *Introdução à análise do direito*. Trad. Elza Maria Gasparotto; revisão da tradução Denise Matos Marino. São Paulo: Editora WMF Martins Fontes, 2010, p. 319.

[174] MORESO, José Juan. Dos concepciones de la interpretación jurídica, In: *Doxa – Cuadernos de Filosofía del Derecho*, Alicante, Instituto Miguel de Cervantes. ISONOMÍA No. 29, p. 11 / Octubre 2008. [Un lenguaje es visto como un sistema de reglas y convenciones, con arreglo a las cuales los conjuntos de símbolos cuentan como oraciones bien formadas, significativas. El significado de una oración está determinado por los significados de sus partes y por el modo en que dichas partes se combinan. Fuera de contexto, las palabras no tienen referencia y las oraciones no tienen valor de verdad. El significado de una palabra son sus condiciones de uso].

> algum nexo natural que existiria entre certos sons articulados, e certas ideias (pois neste caso só haveria uma língua entre os homens), mas em virtude de uma convenção arbitrária, em razão da qual certa palavra se tornou o sinal de certa ideia[175].

O significado de uma frase é determinado pelo significado de suas partes e pela maneira como essas partes são combinadas. Fora de contexto, as palavras não têm referência e as sentenças não têm valor de verdade. Assim, o significado de uma palavra é consequência da sua condição de uso. Diz-se, assim, de uma abordagem contextualista, por meio da qual os atos de fala são os principais portadores de conteúdo, apenas em um determinado contexto, uma frase pode expressa significado[176].

Os juízos de valor e os juízos de dever têm sua *verdade* atingida *argumentativamente* com a observação de regras do discurso. Sua *verdade* é chamada de *correção*. A teoria da *verdade* aristotélicamete formulada é superada, pois não mais se considera verdade como a *correspondência* da asserção à realidade, mas algo construído *discursivamente*, o que significa ser científico o resultado do consenso alcançado em relação ao objeto estudado. A verdade não está no mundo presente, na natureza, mas é produção cultural humana. É subordinada, assim, à refutabilidade[177].

Daí a importância atribuída à Teoria Hermenêutica e à Prática da Argumentação Jurídica. *Temas*: Discurso jurídico. Argumentação e raciocínios. Persuasão e Verdades jurídicas[178].

O reducionismo lógico coloca o Direito como resultado das operações lógicas. O conhecimento do uso da linguagem e da lógica jurídica permitiria entender corretamente o sentido dado à redação da norma. Igualmente, o conhecimento do uso da linguagem e da lógica jurídica é ferramenta fundamental que nos permite argumentar uma sentença, fundamentar adequadamente um relatório e realizar todo o trabalho de aplicação da lei.

---

[175] LEIBNIZ Gottfried, Wilhelm. *Novos Ensaios Sobre o Entendimento Humano*. Os pensadores. São Paulo: Nova Cultura. 1996, p. 267.

[176] MORESO, José Juan. Dos concepciones de la interpretación jurídica, In: *Doxa – Cuadernos de Filosofía del Derecho*, Alicante, Instituto Miguel de Cervantes. ISONOMÍA No. 29, p. 10 / Octubre 2008. [Ningún enunciado interpretativo es apto para la verdad, carecen de esta propiedad lo que denomina enunciados interpretativos decisorios].

[177] ALEXY, Robert. *Teoria da argumentação jurídica*: a teoria do discurso racional como teoria da fundamentação jurídica. Trad. Zilda Hutchinson Schild Silva; rev. e introdução à edição brasileira Claudia Toledo. 2 ed. São Paulo: Landy, 2005, p. 19.

[178] SERRANO, Pablo Jiménez. *Práticas da argumentação jurídica*: técnicas do raciocínio e da persuasão judicial. [livro eletrônico] / Pablo Jiménez Serrano. – Rio de Janeiro: Jurismestre, 2017.

A lógica formal é, consoante se vê, o estudo das estruturas formais do conhecimento, ou do "pensamento sem conteúdo", isto é, dos signos e formas expressionais do pensamento, em sua consequencialidade essencial. No campo da Lógica forma, o que importa é a consequência rigorosa das proposições entre si, e não a adequação de seus enunciados com os objetos a que se referem[179].

Certamente, o Direito, sendo uma ciência, também tem sua Lógica. Há uma Lógica Jurídica ou uma Lógica do Direito, que trabalha, evidentemente, com categorias ideais, porquanto toda Lógica só o é em razão de objetos ideais. Isto não quer dizer, porém, que a Ciência Jurídica, seja toda ela reduzível a uma Lógica ou só concebível segundo estruturas lógico-formais. A Lógica condiciona todo conhecimento científico, mas não esgota esse condicionamento. Juristas contemporâneos acabam reduzindo o Direito a uma ciência puramente ideal. Assim, por exemplo, para alguns seguidores de Hans Kelsen a Ciência do Direito é uma ciência que tem por objeto normas, entendidas estes como puros juízos lógicos e objetos ideais. Esta tese que se continha na formulação originária da chamada "Teoria Pura do Direito", se apresenta com muitas ramificações, em vários países, inclusive na América Latina e no Brasil. Mas, posteriormente, Kelsen veio a reconhecer que a norma jurídica não é mera entidade lógica e que a questão primordial para toda a teoria do Direito, não é um problema de Lógica[180].

4.1.1 A interpretação literalista

Como vimos no capítulo anterior, a interpretação da norma jurídica exige revisar as fontes materiais (que se referem ao conteúdo) e as formais (que se referem à forma do direito) nas quais se observará se o sujeito que fez a disposição é competente, ou se utilizou o procedimento adequado para tanto. Aqui, certamente, formulamos o juízo de legitimidade jurídica, em que não só partimos da análise do sujeito e do procedimento, como também da análise do conteúdo da disposição estudada.

Neste tipo de interpretação, ao se analisar o conteúdo de uma norma, verifica-se a relação existente entre ela e outras normas, especialmente as normas constitucionais, para se observar se esse conteúdo corresponde ou não aos instrumentos de maior hierarquia. Neste sentido, a interpretação literalista busca desvendar a declaração da vontade, como elemento essencial do texto, é o objeto que possibilita a determinação do

179 REALE, Miguel. *Filosofia do Direito*. 20. ed. São Paulo: Saraiva, 2002.
180 REALE, Miguel. *Filosofia do Direito*. 20. ed. São Paulo: Saraiva, 2002, p. 185.

sentido e intenção do autor. Assim, a interpretação do texto acaba por desvendar a vontade do feitor do texto.

Em princípio, a vontade é o elemento constitutivo da obra se constitui no objeto da interpretação. Diz-se, assim, de uma vontade explícita ou implícita na obra, com base na qual estaremos legitimados a fazer ou não fazer alguma coisa.

Conforme a perspectiva literalista, toda vez que nas leis se estabelecem comandos, o intérprete deve cultivar a habilidade para poder distinguir o sentido e alcance das normas nelas contidas, determinando qual a verdadeira necessidade que guiou o legislador a ditar esses comandos. Trata-se, pois, de verificar quais foram os propósitos do autor do texto e qual foi o espírito que presidiu a redação dos instrumentos jurídicos.

Este tipo de perspectiva interpretativa nos conduz pelos caminhos da dogmática jurídica, isto é, como direito e conceitos "já postos" e consagrado que resiste a toda interpretação. Subjaze, assim, a ideia da existência de "dogmas", aquilo que não muda: conceitos, proposições ou princípios que alcançam idênticos significados e utilidade, independentemente do tempo e do lugar. Diz-se de construtos estáveis muitas vezes considerados premissas fundamentais e indiscutíveis de determinadas doutrinas ou sistemas de direito, cujas raízes históricas foram buscadas na contribuição terminológica e normativa legada pelo Direito Romano à teoria do Direito, contribuição que repercute no trabalho legislativo (elaboração das regras e normas jurídicas), na interpretação e aplicação do Direito por parte dos juízes e demais operadores, e na explicação e construção de novas teorias por parte dos professores, pesquisadores e demais profissionais da área jurídica[181]. Mas, ao longo de um grande processo evolutivo, o paradigma tradicional da dogmática jurídica experimentou, em termos da filosofia moderna da ciência, pode ser qualificado de momento de cambio revolucionário. O interesse pela estrutura do direito, predominante na Gran Teoria de Savigny e do segundo Ihering até Gerber, Laband Jellinek, Kelsen e Rossi e as versões do positivismo jurídico de final do século passado, cede hoje perante a influência crescente de uma gama ampla de orientações que, que pode genericamente ser denominada de "críticas". Além disso, novos desafios exigem respostas da Teoria Hermenêutica. A heterogeneidade dos novos pontos de vista retira a importância que outrora qualquer

[181] SERRANO, Pablo Jiménez. *Curso de filosofia jurídica*: estudos de jusfilosofia aplicada. Rio de Janeiro: Jurismestre, 2019, p. 139.

tentativa de esquematização e dificilmente pode ser empreendida uma tarefa de sínteses e valoração sem uma referência sucinta a alguns rasgos próprios do entorno problemático atual do direto. O declínio do direito escrito e a primazia do direito judicial e suas orientações decisórias, no marco de um incremento exponencial dos índices de litigiosidade, situa os órgãos jurisdicionais e ao processo judicial no centro do debate público[182].

A interpretação deste tipo exige, em primeiro lugar, conhecer e dominar o sentido e alcance dado aos conceitos usados nos textos, condição que pode ser limitada, como veremos, pelo inadequado de conceitos vagos e ambíguos. Em segundo lugar, o literalismo pressupõe uma dada coerência no sistema de normas, de teses e argumentos, nem sempre garantida nas leis e doutrinas. Por último, a intepretação literalista pressupõe a completude jurídica, isto é, a ausência de lacunas, problemas também frequentes na ordem normativa.

Em suma, o processo de interpretação mostra-se como essencialmente linguístico, isto é, literalista, até porque os juristas teórico e prático não tem acesso direto às coisas do mundo jurídico, mas somente na linguagem. Mas, uma vez acessado o texto jurídico, a sua compreensão irá exigir outros recursos externos. Contudo, a interpretação literalista torna-se limitada quando procuramos unicamente na palavra seu sentido. Tudo isso faz com que a interpretação literalista ceda lugar à contextualista que, a seguir, passaremos a estudar.

4.1.2 A interpretação contextualista

A função contextualista da intepretação está para superar a ambiguidade de e a vagueza das palavras usadas e presente no discurso que, como dissemos, tem um sentido intencionalmente provocado pelo locutor.

Decerto, as palavras, na sua maioria, são polissémicas; elas têm mais de um significado. Por esse motivo a função contextualista da interpretação é, por assim dizer, filtrar a polissemia das palavras e reduzir a pluralidade das interpretações possíveis, a ambiguidade do discurso que resulta da polissemia não filtrada pela função literalista[183].

---

[182] ZULETA Puceiro, Enrique. *Elementos de teoría del derecho*. Buenos Aires: Abeledo Perrot, 2013, p. 269-270.

[183] RICOEUR, Paul. *Teoria da Interpretação: o discurso e o excesso de significação*. Lisboa: Edições 70, 1976, p. 29.

A contextualista, diferentemente da interpretação literalista da maior preponderância ao contexto social. Assim, subordina o processo à observância dos fatores (problemas) sociais que direta ou indiretamente incidem negativa ou positivamente na concretização da justiça social.

Compreende-se que a intepretação contextualista está para desqualificar a concepção tradicional sobre a atividade jurídica, originada na escola da exegese francesa e na jurisprudência de conceitos alemã, que caracteriza a tarefa dos juízes como consistente na aplicação mecânica de certas regras a determinados casos, sem que se tenha a possibilidade, nem a função de efetuar uma reelaboração de tais regras. Sabe-se que essa concepção clássica considerava o raciocínio como um silogismo, cuja premissa maior é constituída pela norma jurídica aplicável, a premissa menor pela descrição do fato que se julga, e a conclusão, a solução do caso. Na verdade, não há nada de errado em reduzir o raciocínio judicial a um silogismo. O incorreto é pensar que as premissas desse raciocínio devam ser obtivas por procedimentos mecânicos, pois a escolha das premissas e das regras de inferência do raciocínio dos juízes exige um verdadeiro trabalho criativo[184].

Sendo contextualista, o processo de interpretação irá privilegiar o estudo da relação socioeconômica concomitantemente com a relação de direito que correspondente a um vínculo social ou econômico concreto, estabelecido entre dois ou mais indivíduos num momento específico de satisfação de necessidades materiais ou espirituais.

Nesse contexto, cresce também o interesse pelas práticas efetivas dos tribunais em sua tarefa de implementação do direito. A reconstrução racional das práticas efetivas dos tribunais e a função justificatória da argumentação jurídica passam a ocupar o centro de um novo cenário de construções filosóficas e científicas. Desde esta perspectiva, as categorias, argumentos, modos de raciocínios, *topoi* retóricos e rituais processuais são sometidos a análises interdisciplinares das ciências sociais. As teorias da argumentação e da intepretação estão cada vez más desligada do eixo tradicional na intenção e propósitos do legislador e mais aberta à incorporação de perspectivas evolutivas e dinâmicas. As orientações críticas se abrem a perspectivas interdisciplinares desconhecidas pela dogmática tradicional. A virada hermenêutica da

---

[184] NINO, Carlos Santiago. *Introdução à análise do direito*. Trad. Elza Maria Gasparotto; revisão da tradução Denise Matos Marino. São Paulo: Editora WMF Martins Fontes, 2010, p. 349-350.

filosofia, a multiplicidade de enfoques da sociologia jurídica, a antropologia, a epistemologia das ciências humanas, a análises económica, a teoria da argumentação, o redescobrimento dos pragmatismos, a nova filosofia da ciência o a revolução da historiografia impactam hoje sobre o direito com força similar à da epistemologia ou da psicanálise nos anos 70[185].

Nesse processo, a intepretação, além de estabelecer a correspondência entre as normas e os fatos, também procura determinar a oportunidade e benefício social (sentido) do próprio texto normativo, como critério de compreensão da norma legal adequada ao caso ocorrente.

Podemos destacar que contextualista é a intepretação que investiga a existência dos fatos submetidos ao direito como condição indispensável para a compreensão do enunciado normativo e a posterior escolha da norma aplicável. Isto, pois o direito dá uma certa organização às relações sociais e econômicas, que possuem uma importância significativa para a sociedade e o Estado.

Esse tipo de exercício interpretativo se funda na necessidade do reconhecimento de que relações jurídicas são relações objetivas refletidas nas normas por meio das quais almeja-se a organização social. Assim, por exemplo, a regra de direito privado por meio da qual se objetiva ordenar a atividade contratual declara o conteúdo patrimonial da obrigação jurídica, por ser a essência dessa atividade econômica, derivada dos processos de produção, distribuição e consumo. Seria, assim, ilusório negar o sentido oneroso e patrimonial que as relações contratuais têm no contexto moderno.

Em princípio, é comum definir as relações jurídicas como as relações sociais ou vitais das pessoas, enquanto reconhecidas ou reguladas pelo direito objetivo ou pelo ordenamento jurídico e enquanto se extraem efeitos ou consequências jurídicas. Destaca-se que a relação se estabelece entre duas pessoas ou mais[186].

Verifica-se, portanto, que as diferentes relações sociais adquirem forma de relações jurídicas na medida em que são reguladas pelo direito. Assim, a relação jurídica pode ser definida como o vínculo de direito existente entre dois ou mais sujeitos, pelo qual uns têm faculdades e outros deveres ou obrigações.

Em essência, explica Tercio Sampaio[187]:

---

185 ZULETA Puceiro, Enrique. *Elementos de teoría del derecho*. Buenos Aires: Abeledo Perrot, 2013.
186 DIEZ-PICAZO, Luis; GULLÓN, Antonio. *Instituciones de Derecho Civil*. Madrid: Tecnos, 1995, p. 141.

> o jurista, assim, capta o direito num procedimento de incidência, ou seja, na imputação de normas a situações sociais atuais ou potencialmente conflitivas. Entre a norma e a situação conflitiva há, pois, um procedimento. A relação entre a norma e a situação é mediata. Este conjunto - normas, procedimento, situação - compõe o fenômeno da aplicação. Aplica-se o direito, por um procedimento, à realidade social.

A função da ciência jurídica, afirma Tercio Sampaio, é descobrir e descrever o significado objetivo que a norma confere ao comportamento. Porém, qual o critério para operar esta descrição? Kelsen afirma que ele se localiza sempre em alguma outra norma, da qual a primeira depende. O jurista deve, assim, caminhar de norma em norma, até chegar a uma última, que é a primeira de todas, a norma fundamental, fechando-se assim o circuito. O direito é assim, para ele, um imenso conjunto de normas, cujo significado sistemático cabe à ciência jurídica determinar[188].

Ao interpretar a norma de direito analisar-se-ia a relação entre ela e relação jurídica (que também é uma relação social). Pode-se, assim, afirmar que a intepretação normativa, neste modelo, apresenta-se com sua propriedade bilateral, é vista como comunicação, isto é, uma troca de mensagens entre seres humanos, um modo de comunicar que permite a determinação das relações entre os comunicadores: subordinação, coordenação. Para a análise da norma como comunicação tornam-se importantes não só a mensagem (proposição) ou as qualidades do prescritor, mas também a identificação dos sujeitos, seu modo de reação às prescrições, sua própria qualificação como sujeito. Tomada como um complexo comunicativo, a norma torna-se o centro de uma série de problemas: a determinação da vontade normativa, a determinação dos sujeitos normativos (teoria dos direitos subjetivos, capacidade, competência, responsabilidade), a determinação das mensagens normativas (teoria das obrigações, das permissões, das faculdades, das proibições normativas) etc.[189]

Resumidamente, o conflito entre a interpretação literalista e a contextualista fica evidente quando observada a preferência e escolha dos recursos a serem usados, como ponto de partida e como ponto de chagada no processo de interpretação. O maior problema é se saber se um é excludente do outro ou se ambos são importantes e hão de estar presentes nesse processo. É o que iremos explicar, a seguir.

---

[187] SAMPAIO Ferraz Jr, Tercio, *Introdução ao estudo do Direito.* 2. ed. São Paulo: Atlas, 1994, p. 96.
[188] Ibid., p. 101.
[189] Ibid., p. 103.

4.2 Pressupostos da interpretação do direito moderno

Como visto na seção anterior, resumidamente, há no mínimo **seis obstáculos** que limitam os processos em estudo. Para minimizar os efeitos dos anteriores obstáculos, consideramos oportuno propor um conjunto de pressupostos que servem de orientações metodológicas e, no mesmo sentido, alertar acerca da necessidade da tomada de decisões "razoáveis" em face de um "pragmatismo jurídico" que permita a concretização de direitos e a edificação de uma sociedade democrática e justa.

Assim, o processo de interpretação, de aplicação do direito os seguintes pressupostos devem ser observados:

a) Convencionalismos[190], adequar a interpretação do direito e suas normas, princípios e regras (aplicáveis) ao interesse social: convivência social <u>convencionada</u>, considerando as necessidades e os problemas sociais históricos e presentes (exemplos: impunidade, criminalidade, pobreza etc.) como verdadeiras referências interpretativas e argumentativa (*abordagem histórica e sociológica*).

b) Racionalidade[191], considerar a <u>racionalidade</u>, como princípio orientador do processo de interpretação que nos permite descortinar os enunciados discursivos, excluindo, assim as interferências das preferências ideológicas, interesses econômicos não justificadas (*abordagem axiológica e deontológica*).

c) Proporcionalidade[192], investigar as possibilidades fáticas e jurídicas, quanto maior o grau de não-satisfação ou de detrimento de um princípio, maior a importância de se satisfazer o outro (*abordagem sistemática e funcionalista*).

A propósito dessas orientações, importa sopesar seriamente as razões, os motivos e os riscos concorrentes, observando a significação do conceito de Óptimo de Pareto que, resumidamente, se refere ao dilema jurídico-moral: *não é possível beneficiar a uma persona sem prejudicar outrem. Eis o ponto de equilíbrio onde não*

---

[190] Assegure a afetação mínima dos direitos já reconhecidos e consagrados socialmente (convencionalismos).

[191] Evite ser contaminados pelos fatalismos socioeconômicos, jurídicos e políticos.

[192] Privilegie a resolução de um problema concreto e não a perpetuação ou recriação desse ou de outros problemas.

podemos dar nem pedir sem se afetar os demais elementos que integram um sistema social, jurídico e moral.

Conclui-se que variados são os recursos hermenêuticos auxiliadores da interpretação e, também, da argumentação, integração, aplicação, concretização, a saber: a) Ontológicos (fatos, relações, fenômenos sociais e econômicos, criminalidade, pobreza, desemprego, crises, escassez); b) Lógicos (doutrinas: conceitos, definições, escolas e concepções invocadas), decisões precedentes (argumentos invocados); c) Deontológicos (princípios provedores de direitos e garantias sociais direitos fundamentais a serem reconhecidos constitucionalmente que envolvem valores, orientações políticas, perspectiva econômica e regras de hermenêutica regras legais invocadas); d) Axiológicos (valores universais versus convicções éticas ou morais), preferências políticas, morais ou econômicas do intérprete ou aplicador do direito).

4.2.1 Valores, normas e convivência: a fórmula do sacrifício

O processo de interpretação racional tem como objeto uma realidade complexa, constituída por três domínios inseparáveis, a saber, *valores*, *normas* e *convivência*. A complexidade desta realidade é, obviamente, definida pela variação proposicional que é própria do direito, pois como explicado anteriormente e, diferentemente das outras áreas do saber humano, três grupos de proposições caracterizam o objeto de intepretação jurídica: as descritivas, as avaliativas e as prescritivas. Todavia, a ideia de uma realidade complexa se justifica pela relação indissolúvel que existe (de não separação) dos domínios que a constituem.

A ideia da não separação (ou dependência), parece não ter sido, ainda, consolidada no pensamento jurídico moderno, sem bem que alguns autores apontam para a existência de uma dialeticidade, como característica essencial do tridimensionalismo jurídico.

O argumento da dialeticidade tem como pressuposto a interrelação necessária entre *fato*, *valor* e *norma*. Conforme essa interpretação afirma-se que “a norma não está sozinha, mas convive na dimensão de um relacionamento dialético com fatos e com valores”. Em essência, a existência da norma se apoia num juízo de valor, pois a existência de um conflito social exige a avaliação da necessidade normativa. Logo, a norma existe para suprir a necessidade de proibir ou permitir uma conduta que consideramos correta ou incorreta segundo um referencial valorativo[193].

Na obra de Miguel Reale[194], por exemplo, se faz um exame prévio da correlação essencial desses elementos primordiais do Direito, mostrando que eles sempre se implicam e se estruturam, numa conexão necessária, trata-se da *tridimensionalidade específica* que pode ser estática, ou dinâmica e de integração.

Por outro lado, Norberto Bobbio aponta para o reconhecimento de uma tal independência nas valorações que fazemos acerca de normas. Na obra do autor os critérios e problemas estudados, a saber, justiça (norma justa), validade (norma válida) e eficácia (norma eficaz) parecem ser independentes. Assim, explica,

> O primeiro ponto que, a meu juízo, é preciso ter bem claro em mente se quisermos estabelecer uma teoria da norma jurídica com fundamentos sólidos, é que toda norma jurídica pode ser submetida a três valorações distintas, e que estas valorações são independentes uma das outras. De fato, frente a qualquer norma jurídica podemos colocar um tríplice ordem de problemas: 1) se é justa ou injusta; 2) se é válida ou inválida; 3) se é eficaz ou ineficaz. Trata-se de três problemas distintos: da *justiça*, da *validade* e da *eficácia* de uma norma[195] (Grifo nosso).

Independentemente desse aparente conflito teórico, se é que podemos considerar essas análise um conflito, importa reconhecer que no direito, devido às características que o tornam diferentes de outras áreas do saber humano, *valores*, *normas* e *convivência* inexistem num constante diálogo, até o ponto de poder reconhecer que a correção de ações (condutas, atos e relações) precisa de uma dada valoração moral em face da convivência.

Em Bobbio[196] encontramos a ideia de que a justiça é um problema definido pela correspondência ou não da norma aos valores últimos ou finais que inspiram um determinado ordenamento jurídico. Assim, explica o citado autor, basta constatar que todo ordenamento jurídico persegue certos fins, estes fins representam os valores a cuja realização o legislador mais ou menos conscientemente (ou adequadamente), dirige a sua própria obra:

> [...] a pergunta de se uma norma é *justa* ou *injusta* equivale a perguntar se é apta ou não a realizar esses valores (universais ou históricos que inspiram

---

193 CAFFÉ ALVES, Alaôr *et al. O que é a filosofia do direito?* Barueri, SP: Manole, 2004, (Introdução).
194 REALE, Miguel. *Filosofia do Direito*. 20. ed. São Paulo: Saraiva, 2002, p. 514.
195 BOBBIO, Norberto. *Teoria da norma jurídica.* Trad. Fernando Pavan Baptista e Ariani Bueno Sudatti. Apresentação Alaôr Caffé Alves. Bauru, SP: EDIPRO, 2001, p. 45 - 52.
196 BOBBIO, Norberto. *Teoria da norma jurídica.* Trad. Fernando Pavan Baptista e Ariani Bueno Sudatti. Apresentação Alaôr Caffé Alves. Bauru, SP: EDIPRO, 2001, p. 45 - 52.

> certo ordenamento jurídico). O problema se uma norma é justa ou não é um aspecto do contraste entre o *mundo ideal* e o *mundo real*, entre o que *deve ser* e o que *é*: norma justa é aquela que deve ser; norma injusta é aquela que não deveria ser. Por isso, o problema da justiça se denomina comumente de problema *deontológico* do direito.

Todavia, a eficácia social da norma só é possível ser declarada na medida em que se analisa seu cumprimento no contexto social (convivência social).

Assim, o problema da eficácia de uma norma, ensina Bobbio[197], é o problema de ser ou não seguida pelas pessoas a quem é dirigida (os chamados destinatários da norma jurídica) e, no caso de violação, ser imposta através de meios coercitivos pela autoridade que a evocou. A investigação para averiguar a eficácia ou ineficácia de uma norma é de caráter histórico-sociológico, se volta para o estudo do comportamento dos membros de um determinado grupo social e se diferencia, seja da investigação tipicamente filosófica em torno da justiça, seja da tipicamente jurídica em torno da validade. Pode-se dizer que o problema da eficácia das regras jurídicas é o problema fenomenológico do direito. Nesse sentido, o problema da eficácia nos leva ao terreno da aplicação das normas jurídicas, que é o terreno dos comportamentos efetivos dos homens que vivem em sociedade, dos seus interesses contrastantes, das ações e reações frente à autoridade, dando lugar às investigações em torno da vida do direito, na sua origem, no seu desenvolvimento, na sua modificação, investigações estas que normalmente são conexas a indagações de caráter histórico e sociológico.

Mas, para além da relação dialógica existente entre *valores*, *normas* e *convivência*, no decorrer dos processos de intepretação e da escolha da norma aplicável tais domínios da realidade jurídica complexa podem se mostrar em conflito, gerando assim uma evidente contradição que permeia a interpretação e a aplicação do direito.

É, perante a existência de conflitos (e contradições) que o intérprete e o aplicador do direito optam pelo "sacrifício" de um domínio em relação a outros. Porém, antes de adentrarmos na "fórmula do sacrifício", melhor seria exemplificar os possíveis conflitos entre valores, norma e convivência.

a) Valores *versus* valores

---

[197] BOBBIO, Norberto. *Teoria da norma jurídica.* Trad. Fernando Pavan Baptista e Ariani Bueno Sudatti. Apresentação Alaôr Caffé Alves. Bauru, SP: EDIPRO, 2001, p. 45 - 52.

Os valores (socioculturais) são expressões ideais representativos dos fins que uma determinada sociedade almeja.

Neste sentido, se admite a ideia de que o direito se funda em valores. Trata-se de um enfoque Metafísico por meio do qual o Direito seria "tudo que a ele diz respeito, corresponde a uma esfera suprassensível"[198].

A ideia da existência de um domínio supranormativo integrado por valores socioculturais (morais, políticos etc.) se torna realidade nas constituições modernas, onde se consagram tais conceitos ideais como resultado de conquistas históricas de cada sociedade ou nação. Assim, por exemplo, no preâmbulo da Constituição Federal foram elencados os seguintes:

> Nós, representantes do povo brasileiro, reunidos em Assembléia Nacional Constituinte para instituir um Estado Democrático, destinado a assegurar o exercício dos direitos sociais e individuais, a liberdade, a segurança, o bem-estar, o desenvolvimento, a igualdade e a justiça como valores supremos de uma sociedade fraterna, pluralista e sem preconceitos, fundada na harmonia social e comprometida, na ordem interna e internacional, com a solução pacífica das controvérsias, promulgamos, sob a proteção de Deus, a seguinte CONSTITUIÇÃO DA REPÚBLICA FEDERATIVA DO BRASIL.

Tais valores acima grifados também se reconhecem, na forma de normas, princípios e regras, no próprio texto jurídico constitucional, por exemplo: "soberania", "cidadania", "dignidade da pessoa humana" "valores sociais do trabalho e da livre iniciativa", "o pluralismo político" (Artigo 1º da Constituição da República Federativa do Brasil); "A liberdade, justiça e solidariedade" (Artigo 3º da Constituição da República Federativa do Brasil), "A igualdade" (Artigo 5º da Constituição da República Federativa do Brasil), "O direito de propriedade" (Artigo 5º da Constituição da República Federativa do Brasil) etc.

Mas, também nas legislações e normas infraconstitucionais tais valores se expressam na forma de normas, princípios e regras jurídicas. Todavia, a criação e a aplicação das leis (códigos) são, em teoria e no caso de alguns julgadores, orientadas por valores, por esse motivo nas sentenças ou decisões esses conceitos tornam-se evidentes, assim como se verifica no seguinte julgado:

---

[198] OLIVECRONA, Karl. *Linguagem Jurídica e Realidade*. Trad. Edson Bini – Apresentação: Alaôr Caffé Alves. São Paulo: Quartier Latin, 2005, p. 18.

> *Direito fundamental à saúde – Consumo – Interpretação segundo os fins sociais da lei.*
>
> *Direito civil e do consumidor – Plano de saúde – Limitação temporal e internação – Cláusula abusiva – CDC, art. 51, IV Uniformização interpretativa.* I - É abusiva, nos termos da lei (CDC, art. 51, IV), a cláusula prevista em contrato de seguro-saúde que limita o tempo de internação do segurado. II – Tem-se por abusiva a cláusula, no caso, notadamente em face da impossibilidade da previsão do tempo de cura, da irrazoabilidade da suspensão do tratamento indispensável, da vedação de restringir-se em contrato os direitos fundamentais e da regra de sobredireito, contida no art. 5º da Lei de Introdução ao Código Civil (atualmente a LINDB), segundo a qual, na aplicação da lei, o juiz deve atender aos fins sociais a que ela se dirige e às exigências do bem comum. (STJ – REsp. 251.024/SP, rel. Min. Sálvio de Figueiredo Teixeira, 27.11.2000)[199]. (Grifo nosso)

Ora, a questão do reconhecimento jusfilosófico e prático dos valores já é pacificado. Também é evidente que os legisladores modernos tendem a reconhecer a utilidade desses construtos. Porém, o mais grave dos problemas é o choque (conflito) entre valores visto nos processos de interpretação e de aplicação do direito, enquanto norma, choque que se torna evidente na aprovação (ou reprovação) das ações e decisões. Assim, por exemplo, como visto no caso da revista francesa "Charlie Hebdo", onde *liberdade de expressão* e *respeito* (não preconceito) se chocam,

> na edição do dia 19 de setembro de 2012, publicou várias caricaturas zombando do profeta Maomé e o retratando nu durante um contexto de instabilidade em todo o mundo islâmico.
>
> As autoridades francesas haviam feito um apelo à revista para que não publicasse os cartuns. Após a venda da revista, uma pesquisa feita pelo instituto TNS Sofres afirmou que **39% dos franceses desaprovaram** a publicação das caricaturas, **37% aprovam** e **24% não opinaram**[200].

Fica evidente que, por causa das preferências e da relativização dos construtos em estudo, eles podem e, de fato, são usados em defensa ou em oposição de interesses diversos e contraditórios. Assim, é possível defender ou culpar alguém, tendo como referência um ou vários valores. Torna-se, assim, evidente a importância do reconhecimento social, isto é, os convencionalismos jurídico/valorativo.

b) Valores *versus* normas

---

[199] MARQUES, Claudia Lima. *Comentários ao Código de Defesa do Consumidor*. 3. ed. rev., atual. e ampliada São Paulo: Rt, 2010, p. 85.

[200] Informação disponível em: http://noticias.uol.com.br/album/2015/01/07/sede-de-revista-e-atacada-em-paris.htm#fotoNav=2 Acesso em 22, fev. de 2019.

Existe, igualmente, uma relação dialógica entre valores e normas. Nesta perspectiva, o Direito, enquanto norma, seria considerado uma obra humana, uma manifestação cultural, isto é, um fato relacionado a um valor. Por esse motivo, o conceito do direito não poderia ser determinado de modo diferente: não pode existir um direito que não seja justo.

Decerto, quando as normas conflitam com os valores elas são consideradas injustas. Surgem, assim, os argumentos e contra-argumentos construídos em defesa ou em oposição à pena de morte, à transfusão de sangue em pacientes religiosos, do aborto e dos inúmeros problemas bioéticos. Se por um lado, os valores morais e religiosos são considerados recursos supralegais que incidem e determinam a justiça, por outro as normas, os princípios e as regras garantem a segurança e a certeza jurídica. Esta relação de oposição e função se tornou evidente na famosa fórmula de Gustav Radbruch[201], cuja leitura nos ajuda a melhor entender a incidência da moral na eficácia do direito:

> [...] o Direito positivo, assegurado pela lei e pelo poder, tem preeminência mesmo quando seu conteúdo seja injusto [...], a não ser que a lei positiva contradiga a justiça em uma medida tão insuportável que a lei, enquanto 'direito incorreto', deva ceder à justiça.

Conforme explica Robert Alexy[202], Gustav Radbruch deu a conhecer a sua famosa fórmula em 1946, sob a impressão direta de doze anos de Nacional-socialismo. Com base nesta fórmula Radbruch tenta resolver o conflito entre Direito positivo e correção moral afirmando a tese de que só a lei perde o seu valor quando fere grosseiramente a justiça extrema, ao negar, por exemplo, os direitos do homem: dignidade, igualdade etc.). Diz-se, assim, de uma injustiça intolerável que consiste na negação sistematicamente os direitos humanos, os quais são expressões singulares da liberdade e da igualdade.

---

[201] RADBRUCH, Gustav. *Filosofia do direito.* Trad. Marlene Holzhausen; Rev. Sérgio Sérvulo da Cunha. 2. ed. São Paulo: WMF Martins Fontes, 2010, p. 10-11, 47-48.

[202] ALEXY, Robert. *Una defensa de la fórmula de Radbruch.* En: Anuario da Facultade de Dereito da Universidade da Coruña, 2001. ["El conflicto entre la justicia y la seguridad jurídica debería poder solucionarse en el sentido de que el Derecho positivo asegurado por el estatuto y el poder tenga también preferencia cuando sea injusto e inadecuado en cuanto al contenido, a no ser que la contradicción entre la ley positiva y la justicia alcance una medida tan insoportable que la ley deba ceder como 'Derecho injusto' ante la justicia. Es imposible trazar una línea más nítida entre los casos de la injusticia legal y las leyes válidas a pesar de su contenido injusto; pero puede establecerse otra línea divisoria con total precisión: donde ni siquiera se pretende la justicia, donde la igualdad, que constituye el núcleo de la justicia, es negada conscientemente en el establecimiento del Derecho positivo, ahí la ley no es sólo 'Derecho injusto', sino que más bien carece totalmente de naturaleza jurídica."]

Conforme explica Alexy é fácil observar que esta fórmula consta de dois partes. A primeira diz que as leis positivas perdem sua validade jurídica se a sua contradição com a justiça atingir uma "medida insuportável". Isto pode ser designado como a "fórmula da intolerância". Na segunda parte, nega-se a natureza jurídica às leis positivas se no seu estabelecimento é negada conscientemente a igualdade, que segundo Radbruch representa o núcleo da justiça. Isto se pode denominar de 'fórmula da negação'".

A fórmula da intolerância tem um caráter objetivo. Aplica a medida da injustiça. Pelo contrário, na fórmula da negação se trata de algo subjetivo: os propósitos ou as intenções do legislador. Podem imaginar-se casos em que ambas fórmulas conduzam a resultados distintos. Assim, podemos imaginar a um legislador que pretende lograr a igualdade como núcleo da justiça, mas que leva à cabo algo insuportavelmente injusto. A principal característica da fórmula de Radbruch é que, para o autor, não exige uma coincidência completa entre o Direito e a moral. Permite que o Direito promulgado e eficaz (Direito "assegurado pelo estatuto e pelo poder") seja também válido quando injusto, e em absoluto exige uma orientação de coincidência total do Direito e moral. Porém, incorpora ao Direito um limite extremo. Em geral, é Direito aquele promulgado conforme o ordenamento e socialmente eficaz; só quando ele ultrapassar o umbral da extrema injustiça, as normas promulgadas conforme o ordenamento e socialmente eficazes perdem seu caráter jurídico ou sua validade jurídica. Assim, Alexy[203], nos apresenta uma versão resumida da fórmula de Radbruch: "as normas promulgadas conforme o ordenamento e socialmente eficazes perdem seu caráter jurídico ou sua validade jurídica quando são extremadamente injustas. Mais breve ainda: a extrema injustiça não é Direito. (Tradução nossa)

Resumidamente, o direito pode ser injusto, mas só é direito por ter o sentido de ser justo. O conceito de direito é um conceito cultural, quer dizer, um conceito de uma realidade referida a valores, uma realidade cujo sentido é o de estar a serviço de valores. O direito é a realidade que tem o sentido de servir ao valor jurídico, à ideia do direito. O conceito de direito cumpre-se, portanto, na ideia de direito. A ideia do direito não pode ser outra, senão a justiça[204].

---

[203] ALEXY, Robert. *Una defensa de la fórmula de Radbruch.* En: Anuario da Facultade de Dereito da Universidade da Coruña, 2001. [Las normas promulgadas conforme al ordenamiento y socialmente eficaces pierden su carácter o su validez jurídicos cuando son extremadamente injustas. Más breve incluso: La extrema injusticia no es Derecho.]

[204] RADBRUCH, Gustav. *Filosofia do direito.* Trad. Marlene Holzhausen; Rev. Sérgio Sérvulo da Cunha.

c) Normas *versus* normas

Pode existir conflito entre normas. O vocábulo "norma" pode ser entendido como um padrão de medida, isto é, como um critério de correção da conduta, um esquema socialmente auxiliador na avaliação do comportamento social. Podemos, assim, significar a norma como um parâmetro de avaliação da conduta, por meio da qual se indica que algo, de alguma maneira, deve acontecer num determinado contexto social: histórico e espacial. Certamente, a norma indica um "*dever ser*" um modo de agir, implícito numa proposição prescritiva escrita ou não escrita, que serve de modelo de conduta e de parâmetro de correção do comportamento. Ela, a norma, estabelece um comportamento proibido ou permitido em determinado contexto social.

Toda norma tem uma função comunicativa. Ela se auxilia de regras que objetivam estabelecer definições legais, tutelar direitos e relações jurídicas e prescrever sanções, motivo pelo qual a estrutura dessas regras é variada e se define de acordo com o lugar que suas regras ocupam dentro de uma ordem normativa e da mensagem que o legislador pretende comunicar. O tema da estrutura (ou composição) das proposições jurídicas, mais especificamente da norma jurídica, despertou um interessante debate protagonizado por importantes autores que têm observado a norma jurídica unicamente como um juízo hipotético ou condicional, em que se vincula um pressuposto (antecedente) a uma dada disposição (consequente) ou sanção.

As normas jurídicas, quando externadas, se nos apresentam na forma escrita: expressão documental que para o jurista, o advogado ou estudioso representam, em verdade, meros dados ou objeto sobre o qual recaem os vários processos de estudos, investigação, interpretação e aplicação (ou integração). Esses dados, empiricamente constatáveis, aos efeitos do presente estudo, são chamados de "figuras jurídico/normativas", conjuntos de disposições legais: princípios, regras (ou dispositivos), e todas as estruturas formais que contêm disposição, ordens ou prescrição, tais como contratos e sentenças judiciais e que vigoram num determinado contexto temporal e espacial.

Conforme Alexy[205], as normas de Direito Fundamental podem ser vagas e abertas à interpretação. Assim, a distinção entre regras e princípios desempenha um

---

2. ed. São Paulo: WMF Martins Fontes, 2010, p. 10-11, 47-48.

[205] ALEXY, Robert. *Teoria dos Direitos Fundamentais*. 2. ed. Trad. Virgílio Afonso da Silva. São Paulo: Malheiro, 2011, p. 87-89, 91.

papel no contexto dos direitos fundamentais. As normas de direitos fundamentais são não raras caracterizadas como princípios. De fato, há diversos critérios para se distinguir regras de princípios, mas o mais utilizado é o critério da generalidade, por meio do qual os princípios são normas com grau de generalidade relativamente alto, enquanto o grau de generalidade das regras é relativamente baixo. Certamente, a norma que tem um algo grau de generalidade tem um notório conteúdo axiológico e uma relação íntima com a ideia de direito, sendo de extrema importância para a ordem jurídica, pois fornece razões para regras e são usados como critérios de avaliação de argumentos jurídicos. A diferença entre regras e princípios mostra-se com maior clareza nos casos de colisões entre princípios e de conflito entre regras.

A norma, ou alguma das partes constitutiva pelas quais se expressa (por exemplo, os princípios), podem-se chocar com outras partes constitutivas de outras normas. Assim, pode existir choques entre princípios em determinado momento dos processos interpretativos e da aplicação do direito. Vale observar que os princípios são verdadeiras balizas que orientam os processos de intepretação e de aplicação das normas, mas não são os únicos recursos que auxiliam na intepretação, mas obviamente esta tese, ainda, não é considerada de forma unívoca, por esse motivo, autores se posicionam de forma favorável ou contrária à consideração e ao uso dos princípios como recursos elementares da interpretação jurídica.

Posicionando-se a favor do uso dos princípios, alguns autores consideram que, se a construção do Direito tem como base o texto constitucional vigorante, a sua interpretação há de ter como ponto de partida as condicionantes gerais derivadas da Constituição[206]. Assim, ao se destacar a estreita vinculação entre os direitos e os princípios fundamentais, afirma-se que o direito à vida, à liberdade e à igualdade etc. se correspondem diretamente às exigências mais elementares da dignidade da pessoa humana, por esse motivo o princípio da dignidade da pessoa humana vem sendo considerado um referencial hermenêutico, fundamento de todo o sistema dos direitos fundamentais[207].

---

206 GOMES de Mattos, Mauro Roberto. *A Constitucionalização das Regras da Administração Pública e o Controle do Poder Judiciário*. A & C. Revista de Direito Administrativo e Constitucional. Ano 4, n. 18, out/dez. 2004. Belo Horizonte: Fórum, 2004, p. 90.

207 SARLET, Ingo Wolfgang. *A eficácia dos direitos fundamentais*. 3. ed. ver. atual. e ampl. Porto Alegre: Livraria do Advogado, 2003, p. 101-102, 113, 118.

Mas, apesar da importância do trabalho com princípios outros autores minimizam a razão do uso deles. A postura contrária sustenta que há um certo senso comum segundo o qual os princípios possam funcionar, "*per si*", como instâncias de racionalidade, vale aludir, racionalidade muito mais formal do que material. É uma concepção preocupada com a busca insana de objetividade no conhecimento, especialmente fundada na matriz juspositivista, como se houvesse a possibilidade, por meio da construção racional de princípios, estruturar um ramo do Direito com uma base demonstrativa e um aparato conceitual capaz de fornecer a verdadeira interpretação racional do fenômeno jurídico e, por esse motivo, os princípios, por vezes, são tomados como elementos normativos aptos para a obtenção da "resposta correta"[208].

De qualquer forma, o que mais interessa é reconhecer que a maioria das legislações e sistemas jurídicos reconhecem os princípios como "critérios gerais que informam e possibilitam a integração das normas jurídicas". Consideram-se, assim, os princípios como pilares do ordenamento jurídico, ou melhor, como critérios nos quais o legislador se inspira ao redigir normas. Os princípios são, de fato, inspiradores do Direito Positivo, elaborados e acolhidos pela ciência do direito e resultantes da consciência social[209].

Os princípios, ensina Ronald Dworkin:

> possuem uma dimensão que as regras não têm – a dimensão do peso ou importância. Quando dos princípios se intercruzam (por exemplo, a política de proteção aos compradores de automóveis se opõe aos princípios de liberdade de contrato), aquele que vai resolver o conflito tem de levar em conta a força relativa de cada um. Esta não pode ser, por certo, uma mensuração exata e o julgamento que determina que um princípio ou uma política particular é mais importante que outra frequentemente será objeto de controvérsia. Não obstante, essa dimensão é uma parte integrante do conceito de um princípio, de modo que faz sentido perguntar que peso tem ou quão importante ele é[210].

Podemos dizer que os princípios são valores revestidos na forma de normas. Costumo falar, com muita frequência, que se tirarmos dos princípios sua roupagem

---

[208] OHLWEILER, Leonel, Os Princípios Constitucionais da Administração Pública a Partir da Filosofia Hermenêutica: Condições de Possibilidade para Ultrapassar o Pensar Objetificante. *A & C. Revista de Direito Administrativo e Constitucional.* Ano 4, n. 18, out/dez. 2004. Belo Horizonte: Fórum, 2004, p. 116 - 117.

[209] DIEZ-PICAZO, Luis; GULLÓN, Antonio. *Instituciones de Derecho Civil.* Madrid: Tecnos, 1995, p. 102.

[210] DWORKIN, Ronald. *Levando os direitos a sério.* Trad. Nelson Boeira. São Paulo: Martins Fontes, 2002, p. 42-43.

externa, seremos capazes de enxergar um valor no seu interior. Eles são valores que, com inteligência, os erigem na forma de princípio constitutivos de normas.

Do ponto de vista prático, um princípio pode ser considerado o "elo" entre os *dispositivos* (por meio dos quais se expressam as regras que integram a norma) e uma série de *valores*. Assim, por exemplo:

- *Valores*: Existência digna, justiça social.

- *Norma*: Proteção da relação consumerista, transparência e harmonia das relações de consumo.

- *Princípios*: Defesa do consumidor (art. 170, V da CF), boa-fé e equilíbrio nas relações entre consumidores e fornecedores (art. 4º, III do CDC).

- *Regras*: Dispositivos

> Art. 36. A publicidade deve ser veiculada de tal forma que o consumidor, fácil e imediatamente, a identifique como tal.
> Parágrafo único. O fornecedor, na publicidade de seus produtos ou serviços, manterá, em seu poder, para informação dos legítimos interessados, os dados fáticos, técnicos e científicos que dão sustentação à mensagem.
>
> Art. 37. É proibida toda publicidade enganosa ou abusiva.
> § 1° É enganosa qualquer modalidade de informação ou comunicação de caráter publicitário, inteira ou parcialmente falsa, ou, por qualquer outro modo, mesmo por omissão, capaz de induzir em erro o consumidor a respeito da natureza, características, qualidade, quantidade, propriedades, origem, preço e quaisquer outros dados sobre produtos e serviços.
>
> § 2° É abusiva, dentre outras a publicidade discriminatória de qualquer natureza, a que incite à violência, explore o medo ou a superstição, se aproveite da deficiência de julgamento e experiência da criança, desrespeita valores ambientais, ou que seja capaz de induzir o consumidor a se comportar de forma prejudicial ou perigosa à sua saúde ou segurança.
>
> § 3° Para os efeitos deste código, a publicidade é enganosa por omissão quando deixar de informar sobre dado essencial do produto ou serviço.
>
> Art. 61. Constituem crimes contra as relações de consumo previstas neste código, sem prejuízo do disposto no Código Penal e leis especiais, as condutas tipificadas nos artigos seguintes.
>
> [...]
>
> Art. 66. Fazer afirmação falsa ou enganosa, ou omitir informação relevante sobre a natureza, característica, qualidade, quantidade, segurança, desempenho, durabilidade, preço ou garantia de produtos ou serviços:
> Pena - Detenção de três meses a um ano e multa.
>
> Art. 67. Fazer ou promover publicidade que sabe ou deveria saber ser enganosa ou abusiva:
> Pena Detenção de três meses a um ano e multa.

Ora, para poder compreender e bem usar uma regra contida num dispositivo devemos averiguar e identificar o princípio, a norma e os valores presentes ou por vezes distantes, mas sempre em evidentes relações com um caso (convivência). Nisto, em essência, consiste a interpretação normativa.

Porém, o mais importante a ser discutido neste estudo é que, nem os valores, nem os princípios, são passivamente seguidos, observados nem respeitados. O grande problema que temos e devemos resolver nesse processo interpretativo é selecionar o princípio entre vários outros, quando estamos diante de um dilema principiológico, isto é, quando um ou vários princípios se chocam, porque um pode ser usado em detrimento de outros.

Para a resolução deste dilema recomenda-se o balanceamento ou a ponderação concebida na teoria alexiana como uma lei constitutiva de uma estrutura racional explicitada por um "*Law of Balancing*". Diz-se de um procedimento válido, pois no universo das Constituições democráticas as normas que conferem direitos constitucionais têm caráter altamente abstrato. Logo, abaixo deste nível de abstração, diferentes possibilidades entram em jogo. Os direitos constitucionais incorporam, ao mesmo tempo uma ordem objetiva de valores e princípios que se aplicam a "todas as áreas do Direito", exercendo, assim, um "efeito irradiante" sobre todo o sistema jurídico. Mas, valores e princípios tendem a colidir. Uma colisão de princípios só pode ser resolvida pelo balanceamento[211].

O balanceamento, explica Alexy, é uma parte do que é requerido por um princípio mais abrangente: esse princípio mais abrangente é o princípio da proporcionalidade. O princípio da proporcionalidade consiste em três princípios: os princípios da adequação (1), da necessidade (2) e da proporcionalidade em sentido estrito (3). Todos os três princípios expressam a ideia de otimização, pois são normas que requerem que algo seja realizado na maior medida possível, das possibilidades fáticas e jurídicas. Os princípios (1) e (2) dizem respeito ao que é fática ou factualmente possível. O princípio (1) exclui a adoção de meios que obstruam a realização de pelo menos um princípio sem promover qualquer princípio ou finalidade para a qual eles foram adotados. (exemplo: a não-liberdade, a igualdade de oportunidade e o desenvolvimento).

---

[211] ALEXY, Robert. *Direitos Fundamentais, Balanceamento e Racionalidade*. Ratio Juris. Vol. 16, n. 2, junho de 2003 (p. 131-40)

Assim, por exemplo:

M (meio: a negação da liberdade), adotado para promover o princípio P_1 (igualdade de oportunidade), não é adequado a essa finalidade, mas obstruí a realização de P_2 (o desenvolvimento), então não haverá custos quer para P_1 ou P_2 se M for omitido, mas haverá custos para P_2 se M for adotado. Então, P_1 e P_2, tomados conjuntamente, podem ser realizados em um grau mais alto relativamente ao que é factualmente possível se M for abandonado. P_1 e P_2, quando considerados conjuntamente, proíbem o uso de M[212].

O mesmo se aplica ao princípio da necessidade (2). Esse princípio requer que um dos dois meios de promover P_1, sejam igualmente adequados, deva ser escolhido por interferir menos intensamente em P_2. A aplicabilidade do princípio da necessidade (2) pressupõe, no entanto, que não haja um terceiro princípio ou finalidade P_3 (justiça social ou não-pobreza), que seja negativamente afetado pela adoção dos meios intensivamente menos interferentes em P_2. A proporcionalidade em sentido estrito (3) expressa o que significa a otimização relativa às possibilidades jurídicas (legal). Nisto consiste a regra do Balanceamento que, como ensina Alexy[213], estabelece que: "quanto maior o grau de não-satisfação ou de detrimento de um princípio, maior a importância de se satisfazer o outro".

Com o mesmo grau de utilidade está a "regra da desproporcionalidade": Uma interferência em um direito constitucional é desproporcional se não for justificada pelo fato de que a omissão dessa interferência daria lugar a uma interferência em um outro princípio (ou no mesmo princípio em relação a outras pessoas ou em outros aspectos), desde que essa última seja pelo menos tão intensa quanto a primeira. (Exemplos: a proibição total da propriedade privada ou a proibição da produção e venda de cigarros e bebidas alcoólicas). Contudo, a necessidade de uma menor interferência e de interferência séria resultado de uma ponderação. Exemplos:

a) O dever de os produtores de tabaco de colocarem alertas de danos à saúde concernentes aos riscos de se fumar seus produtos pode ser visto como uma <u>interferência relativamente menor</u> na liberdade de profissão.

---

212 ALEXY, Robert. *Direitos Fundamentais, Balanceamento e Racionalidade*. Ratio Juris. Vol. 16, n. 2, junho de 2003 (p. 131-40)

213 ALEXY, Robert. *Direitos Fundamentais, Balanceamento e Racionalidade*. Ratio Juris. Vol. 16, n. 2, junho de 2003 (p. 131-40)

- Já, o banimento dos produtos do tabaco ou uma proibição total da produção e do consumo desses produtos é uma interferência séria (maior).

b) O isolamento total, em tempo de pandemia, que fere o direito ao trabalho e as liberdades de ir e vir em prol da saúde pública é uma interferência séria (maior). Qual seria a menor: “leve”, “moderada” e “séria”?

Mas, também a proibição do isolamento em prol da economia e das liberdades é uma interferência séria (maior). Qual seria a menor: “leve”, “moderada” e “séria”?

Resumidamente, mesmo que existam princípios jurídicos que não podem ser ignorados, por servirem de orientação nos processos de criação, intepretação e aplicação do direito, importa considerar e sopesar as razões, os motivos e os riscos concorrentes para a conivência, resultante do uso (utilização).

d) Normas *versus* convivência

A convivência é, de fato, um importante referencial (talvez o mais importante) dos processos interpretativos e decisórios. Mas, normas e convivência podem estar em conflito (colisão).

O direito, certamente, é uma expressão da convivência social, ele é um produto sociocultural a ser usado como instrumento de consecução (e concretização) da convivência. Por esse motivo, os processos de interpretação e de aplicação do direito enquanto normas, princípios e regras, não podem ser divorciados da convivência social.

O direito, aqui considerado um conjunto de proposições, uma ciência teórica e prática, tem a conduta como centro de estudo e como função sua regulação. Por isso mesmo, suas doutrinas e sua jurisprudência se erigem sobre os fatores sociais decisivos durante o processo de interpretação das leis.

De fato, quando os juízes decidem casos particulares estabelecem regras gerais que de algum modo se propõem a beneficiar a comunidade. Ao decidirem casos posteriores, outros juízes devem, portanto, aplicar essas regras de modo que o benefício possa ser obtido[214].

Considera-se, portanto, que

---

214 DWORKIN, Ronald. Levando os direitos a sério. Trad. Jefferson Luiz Carmago. 2 ed. São Paulo Martins Fontes, 2010, p. 171-172.

> a jurisprudência constitui, ela própria, um fator do processo de desenvolvimento geral; por isso, **a Hermenêutica se não pode furtar à influência do meio no sentido estrito e na acepção lata; atende às consequências de determinada exegese: quanto possível a evita, se vai causar dano, econômico ou moral, à comunidade**. O intuito de imprimir efetividade jurídica às aspirações, tendências e necessidades da vida de relação constitui um caminho mais seguro para atingir a interpretação correta do que o tradicional apego às palavras, o sistema silogístico de exegese[215] (Grifo nosso).

Por ser o resultado da própria convivência social, o direito, como objeto de interpretação, se transforma em um sistema de garantia, isto é, um instrumento de garantia da própria convivência. Neste ponto, a convivência impõe ao direito mudanças que "constituem o fundo e a razão de ser de toda a evolução jurídica; e o direito é feito para traduzir em disposições positivas e imperativas toda a evolução social"[216].

Neste sentido, a convivência pode ser vista como um fenômeno dinâmico do qual é oriunda a expressão normativa que, imposta pelo Estado, pelo menos em teoria, hão de garantir o desenvolvimento social e as melhores condições de vida. Por esse caminho, a convivência social é a própria realidade prevista pelo ordenamento jurídico.

A existência mesma do ordenamento jurídico obriga a uma divisão da realidade social em dois setores: o primeiro, organizado, regulamentado e disciplinado pelas normas e, o segundo, de que as normas não têm se ocupado por não o considerar necessário a uma justa paz da comunidade[217]. Assim sendo, o direito e a convivência existem dentro de uma espécie de dialeticidade; por esta razão, o texto legal tem de se adaptar às constantes mudanças das relações socioeconômicas.

Assim, "o fenômeno jurídico é todo acontecimento vital ao qual o ordenamento jurídico vincula uma determinada regulamentação. O fenômeno jurídico é, em primeiro lugar, um acontecer, ou melhor, algo que sucede ou que acontece no mundo da realidade. É um acontecimento vital. Constitui um modo de ser ou um modo de viver dentro de um grupo social"[218].

---

215 MAXIMILIANO, Carlos. *Hermenêutica e Aplicação do Direito*. 16. ed. Rio de Janeiro: Forense, 1996, p. 157.

216 MAXIMILIANO, Carlos. *Hermenêutica e Aplicação do Direito*. 16. ed. Rio de Janeiro: Forense, 1996, p. 159.

217 DIEZ-PICAZO, Luis; GULLÓN, Antonio. *Instituciones de Derecho Civil*. Madrid: Tecnos, 1995, p. 137-138.

218 DIEZ-PICAZO, Luis; GULLÓN, Antonio. *Instituciones de Derecho Civil*. Madrid: Tecnos, 1995, p. 137-138.

O mais importante nesta análise é que direito e convivência se tornam preferências nos argumentos e nas decisões, até o ponto de se colocarem em conflito (ou colisão) o que desqualifica uma com respeito à outra, sacrificando-se assim, uma argumentação, no âmbito da decisão jurisdicional.

Um bom exemplo de colisão entre norma (princípio) e convivência tornou-se notório no conhecido julgamento do conhecido Habeas Corpus preventivo no caso do ex-presidente Lula, que tinha como objeto a prisão em segunda instância v*ersus* o trânsito em julgado.

Neste julgamento o Ministro Marco Aurélio Mello sendo favorável ao habeas corpus do ex-presidente Lula, argumentou em favor do **princípio** contido no artigo 5º, LVII da Constituição da República Federativa do Brasil, no rol dos direitos e garantias fundamentais:

> **Argumento:**
>
> Está em **bom português**, em bom vernáculo [...] que **ninguém será considerado culpado até o trânsito em julgado de sentença penal condenatória.** Seguem outros dispositivos que inclusive foram mencionados no plenário [...] ninguém será preso senão em flagrante e delito [...] ou por ordem escrita e fundamentada de autoridade judiciária. Eu não posso ver na cláusula um sentido ambíguo, de aceitar-se conforme o órgão julgador tem-se independente da preclusão maior, tem-se independentemente de caber ou não caber recurso contra o pronunciamento judicial condenatório, a possibilidade de execução. É um passo demasiadamente largo e que revela sob a minha ótica, e vejo que não é a ótica da sempre ilustrada maioria, **desprezo à Constituição Federal.** Em síntese, senhora presidente, uma deficiência do Estado a revelar o enterramento da máquina judiciária em termos de entrega final da prestação jurisdicional não pode levar ao **menosprezo do que se contém em termos de garantia na Constituição Federal**[219].

No mesmo julgamento, o Ministro Luís Roberto Barroso, não sendo favorável ao habeas corpus, argumentou em favor da **convivência**, votando contra a concessão do habeas corpus.

> **Argumento:**
>
> Não é, no entanto, o legado político que está em discussão. O que vai se decidir é se vai se aplicar a ele ou não a jurisprudência que este tribunal aprovou e que deve ser aplicada a todas as pessoas. A referência é à permissão para prender condenados em segunda instância, decisão provisória do plenário do Supremo tomada em 2016. Barroso criticou a demora no processo penal do Brasil, que leva muitos casos à prescrição e, com isso, à impunidade. Se tornou muitíssimo mais fácil prender um menino com 100 gramas de maconha do que prender um agente público ou um agente privado que desviou 10, 20, 50 milhões. Esta é a realidade do sistema penal brasileiro:

---

[219] SERRANO, Pablo Jiménez. *Tratado de oratória básica e forense*: como convencer e persuadir falando. [livro eletrônico]. Rio de Janeiro: Jurismestre, 2019; SERRANO, Pablo Jiménez. *Teoria e prática da oratória forense*: como convencer e persuadir falando. Curitiba: CRV, 2020. - Coedição: Volta Redonda, RJ: Jurismestre, 2020.

> ele é feito para prender menino pobre e não consegue prender essas pessoas que desviam por corrupção e outros delitos milhões de dinheiros, que matam as pessoas". Devido processo legal não é o que não acaba nunca, e garantismo não significa que ninguém nunca é punido por coisa nenhuma não importa o que tenha feito. Ao final do voto, Barroso disse que, entre 2009 e 2016, de 25.707 recursos contra condenações apresentados ao STF, somente 9 (0,035%) resultaram em absolvição do condenado. No STJ, disse, em 68.944 recursos contra condenações, somente 1,64% resultaram em absolvição ou saída do regime fechado. **Prendemos muito e prendemos mal**, é um lugar comum, mas é absolutamente verdadeira. [...]. Mais de 50% da população carcerária não está presa pelas duas mazelas que afligem a sociedade brasileira: violência e corrupção. Nós **não prendemos os verdadeiros bandidos no Brasil**. [...] **Um sistema penal que não funciona com um mínimo de efetividade desperta os instintos de se realizar justiça pelas próprias mãos**. Um sistema judicial que não funciona faz as pessoas pensarem que o **crime compensa**. É preciso cumprir o devido processo legal e respeitar os direitos de defesa. Mas, e isso é muito importante se estabelecer no Brasil, porque as palavras perderam o sentido. Devido processo legal não é o que acaba nunca. E garantismo não significa que ninguém nunca é punido por coisa nenhuma, não importa o que tenha feito. Sob esse novo regime que implantamos em 2016 [autorizando a prisão após condenação em segunda instância], só na Operação Lava Jato foram 77 decisões já confirmadas em segundo grau, ou confirmadas ou revistas sem absolvição, porque normalmente elevam as penas. 77 condenações por corrupção ou lavagem em uma única vara, onde as coisas andam. O sistema funciona muito mal e, portanto, presidente, por todas essas razões, acho que devamos manter o entendimento judicial de 2016. Por essas razões jurídicas, empíricas e **pragmáticas**, e porque **o país precisa de uma interpretação constitucional que ajude a superar esse passado de impunidade e de incentivos errados para o mal**, eu voto pela manutenção da jurisprudência[220].

Em cada um dos argumentos anteriores há uma proposta hermenêutica, fundada na fórmula do sacrifício: sacrificamos o princípio ou sacrificamos a convivência. Tudo é uma questão ideológica ou, melhor, um jogo de interesses e necessidades.

Deixa-se de lado a visão pragmática da interpretação jurídica que orienta a necessidade de considerar o equilíbrio e a coerência nas decisões, pois, se por um lado, a convivência social é regulada pela norma, por outro, a norma depende da convivência. Por isso mesmo, a interpretação normativa tem a convivência social como um importante recurso interpretativo. Então, não se trata de renunciar ao princípio, mas de avaliar até que ponto a escolha do princípio fere total ou parcialmente a convivência social. Nisto consiste a fórmula do sacrifício: a colisão entre princípios e convivência só pode ser resolvida pela razoabilidade pragmática, que melhor será explicado no *item 4.4.2.1*.

4.3 A interpretação no direito comparado

---

[220] SERRANO, Pablo Jiménez. *Tratado de oratória básica e forense*: como convencer e persuadir falando. [livro eletrônico]. Rio de Janeiro: Jurismestre, 2019; SERRANO, Pablo Jiménez. *Teoria e prática da oratória forense*: como convencer e persuadir falando. Curitiba: CRV, 2020. - Coedição: Volta Redonda, RJ: Jurismestre, 2020.

Com muita frequência intérpretes e pesquisadores se auxiliam do direito estrangeiro (alienígena) para justificar (fundamentar) argumentos e decisões; e isto pode acontecer por diversos motivos. Nas pesquisas, procuram-se apontar a semelhanças e diferenças dos sistemas legais, principalmente naqueles assuntos que são objeto de investigação. Já, nos processos interpretativos, apela-se ao direito comparado com o objetivo de indagar como casos similares são resolvidos noutros ordenamentos jurídicos.

Certamente, a comparação em direito (comparativismo jurídico) pode ser considerada um aspecto necessário do processo interpretativo, principalmente, quando não existe norma jurídica que regule um caso específico. Mas, é importante lembrar que em cada um dos sistemas de direitos conhecidos há uma preferência e prevalência de recursos interpretativos quer lógicos, quer ideológicos.

Segundo Carlos Maximiliano[221],

> o processo sistemático na interpretação, levado às suas últimas consequências, naturais e lógicas, induz a pôr em contribuição um elemento moderníssimo - o Direito Comparado. Efetivamente, deve confrontar-se o texto, sujeito a exame, com os restantes, da mesma lei ou de leis congêneres, isto é, com as disposições relativas ao assunto, quer se encontrem no direito nacional, quer no estrangeiro; procura-se e revela-se a posição da regra normal no sistema jurídico hodierno, considerado no seu complexo.

O estudo comparado na ciência jurídica existe como um método de pesquisa científica e não como um ramo do direito. Ele se refere à análise da sistemática dos diferentes sistemas jurídicos. Desta forma, constitui-se como "um modo científico de análise dos sistemas jurídicos", de aproximação, de unificação ou aperfeiçoamento das instituições jurídicas vigentes e não como um ramo independente do direito[222].

As comparações permitem identificar em cada um dos códigos os institutos jurídicos e o objeto de regulamentação para compará-los, então, com as regras jurídicas analisadas. Ainda que existam diferentes formas comparativas (escolas), *o para quê* (objetivos) do estudo comparado pode estar dirigido a:

a) caracterizar a evolução histórica das instituições jurídicas para determinar a

---

221 MAXIMILIANO, Carlos. *Hermenêutica e Aplicação do Direito*. 16. ed. Rio de Janeiro: Forense, 1996, p. 131.

222 ANCEL Marc. *Utilidade e métodos do direito comparado*. Tradução: Prof. Sérgio José Porto. Porto Alegre: Sergio Antonio Fabris Editor, 1980, p. 19, 51.

natureza e evolução do direito positivo.

b) caracterizar os sistemas jurídicos, através da comparação das normas jurídicas e da confrontação de conceitos jurídicos (classificados por categorias) para descobrir os princípios comuns das nações civilizadas.

c) comparar e fornecer bases para aperfeiçoar o sistema jurídico, colocando as "diversas fontes de direito em termos de possibilitar a cooperação eficaz à aproximação progressiva dos direitos nacionais, notadamente no terreno do direito das transações comerciais ou do direito negocial"[223].

As comparações no direito tiveram suas primeiras origens nas formações jurídicas primitivas "Licurgo, em Esparta, e Solón, em Atenas, viajaram através do mundo para conhecer as Instituições, diz-se, antes de legiferar; e, da mesma forma, os *decemvires*, encarregados de redigir a Lei das XII Tábuas, se informaram sobre as leis gregas, que influenciaram visivelmente a primeira legislação escrita em Roma. Cita-se ainda Platão, em *As Leis,* onde utiliza comparações; e Aristóteles, que discutiu as constituições existentes, notadamente a de Cartago. A *Collatio legum Romanarum et Mosaicarum,* do século V de nossa era, não é, a seu turno, um ensaio de justaposição das legislações - as duas únicas talvez a se encontrarem então face à face no mundo antigo. Mais tarde, do *De Laudibus Legum Angliae,* de Fortescue, na Inglaterra, no século XV, à *República,* de Jean Bodin, na França, no século XVI, apelos interessados, senão solicitados, são feitos às leis estrangeiras; e poderíamos até citar outros exemplos. Será preciso, entretanto, esperar o século XVIII e especialmente *O Espírito das Leis* (1748), para reencontrar um recurso sistemático aos ensinamentos tirados de outras legislações. Montesquieu teve até mesmo o mérito de compreender a palavra *lei* em seu sentido físico (as relações necessárias que derivam da natureza das coisas), o que conduz à pesquisa das relações existentes entre os fenômenos jurídicos, históricos, políticos e até mesmo climáticos. Sob esse título, pôde-se ver nele o primeiro dos comparativistas"[224].

No entanto, o comparativismo nasce nas sociedades posteriores, com as presenças de legislações positivas, como consequência do desenvolvimento industrial, do comércio internacional. "É assim que se constitui, na França, em 1869, uma

---

[223] ANCEL Marc. *Utilidade e métodos do direito comparado.* Tradução: Prof. Sérgio José Porto. Porto Alegre: Sergio Antonio Fabris Editor, 1980, p. 46.

[224] ANCEL Marc. *Utilidade e métodos do direito comparado.* Tradução: Prof. Sérgio José Porto. Porto Alegre: Sergio Antonio Fabris Editor, 1980, p. 20.

Sociedade de Legislação Comparada, cuja criação foi frequentemente considerada como o símbolo do surgimento do direito comparado. O ano de 1869 é, sob este ângulo, um período fausto, porquanto foi nele que se criou, na Inglaterra, em Oxford, a primeira cadeira de direito comparado, uma cadeira de 'Historical and Comparative Jurisprudence', confiada ao Sir Henry Summer Maine, e quando se fundou na Bélgica a *Revue de droit internacional et de droit comparé.* Acrescentamos que mesmo no Japão é o ano em que a era da ocidentalização (Meiji) abriu-se, em 1868, e se procedeu à tradução dos códigos franceses para servir de base à uma codificação moderna e em que as universidades recebem os primeiros juristas ocidentais"[225].

Verifica-se realmente que o desenvolvimento da tendência comparativa, no pensamento social do Ocidente, proveio da expansão da cultura europeia e correu paralelo justamente com a gradual integração metódica de que resultariam as ciências sociais contemporâneas. Já Maquiavel foi observador e comparador; Montesquieu e Voltaire comparadores por excelência. Com semelhante desenvolvimento podemos vincular o sutil progresso do espírito relativista ao modo do pensar ocidental; é esse crescente relativismo que, amadurecendo, propicia as tipificações (que vêm da comparação) e que cria para a ciência social uma consciência crítica que se exprime inclusive nos infindáveis debates metodológicos que ameaçam obstruir a atmosfera intelectual. Convergindo para o estudo do direito, o saber social e o método comparativo (porque o "Direito Comparado", como a "Economia Comparada", é antes de tudo método) criaram duas problemáticas complementares. O ponto de vista comparativo procura a realidade jurídica no diferente e no semelhante de manifestações culturalmente situadas, referindo-se a sistemas, que se classificam de diferentes formas. O ponto de vista sociológico busca a realidade do direito no contexto da realidade social, que é sempre uma determinada realidade, situada e correspondente também a algum sistema plantado no tempo e no espaço. Problemáticas complementares, portanto. O mais são as distinções que cada especialista gosta de frisar e que fazem o realce da "divisão do trabalho" no âmbito acadêmico[226].

No caso específico brasileiro, explica Lenio Streck, a interpretação de um texto constitucional democrático exigiria novos modos de análise: no mínimo, uma nova teoria das fontes, uma nova teoria da norma, uma nova teoria hermenêutica. Esta

---

[225] ANCEL Marc. *Utilidade e métodos do direito comparado.* Tradução: Prof. Sérgio José Porto. Porto Alegre: Sergio Antonio Fabris Editor, 1980, p. 21.
[226] SALDANHA Nelson. *Sociologia do Direito.* 3. ed. São Paulo: Rt, 1989, p. 52-53.

necessidade torna-se evidente no contexto da sociedade brasileira que se sabe de uma tradição jurídica assentada em um modelo liberal-individualista (que opera com os conceitos oriundos das experiências da formação do direito privado francês e alemão), em que não havia lugar para direitos de segunda e terceira dimensões. Do mesmo modo, não havia uma teoria constitucional adequada às demandas de um novo paradigma jurídico. Essas carências jogaram os juristas brasileiros nos braços das teorias alienígenas. Consequentemente, as recepções dessas teorias foram realizadas, no mais das vezes, de modo acrítico, sendo a aposta no protagonismo dos juízes o ponto comum da maior parte das posturas. Com efeito, houve um efetivo "incentivo" doutrinário a partir de três principais posturas ou teorias: a jurisprudência dos valores, o realismo norte-americano (com ênfase no ativismo judicial) e a teoria da argumentação de Robert Alexy[227].

Lançou-se mão do direito comparado pensando preencher as lacunas interpretativa. Mas este processo conspirou com a importação das teorias que serviriam de pano de fundo à interpretação e à aplicação do direito brasileiro moderno.

Do ponto de vista científico, para um estudo comparado devemos nos preocupar com a metodologia com a qual abordaremos um estudo de legislações diferentes, pois a ciência do direito não pode se limitar somente à legislação de um país.

Por meio do método comparado observamos um conjunto de "legislações comparáveis e que podem umas com outras se enriquecer através de empréstimos recíprocos, sem que com isso se comprometa a estrutura de seu sistema"; dessa forma procuramos a semelhança que as classificações jurídicas possuem, observando os diferentes sistemas jurídicos. Entende-se por sistema jurídico o conjunto de normas jurídicas que constitui o direito nacional, ou "um conjunto mais ou menos amplo de legislações nacionais, unidas por uma comunidade de origem, de fontes, de concepções fundamentais, de métodos e de processos de desenvolvimento"[228]. Os sistemas de tipo ocidental, por exemplo, têm um denominador cultural comum diferente de outros, e um mesmo sistema apresenta variantes históricas.

Em um panorama incompleto, os principais sistemas que hoje se mencionam são os seguintes: o romano, caracterizado pela longa duração, pela extensão territorial e pela

---

[227] STRECK, Lenio L. Questionando o ativismo judicial ou "de como necessitamos de uma teoria da decisão". *Revista Direito e Paz*, Lorena, n. 30, p. 11-46, jan./jul. 2014, p. 18.

[228] ANCEL Marc. *Utilidade e métodos do direito comparado.* Tradução: Prof. Sérgio José Porto. Porto Alegre: Sergio Antonio Fabris Editor, 1980, p. 32.

grande importância histórica; o árabe, peculiar pela marca religiosa (que aliás se nota em outros sistemas) e pela presença de formas e concepções bastante especiais; o chamado "continental europeu", que corresponde à herança romana e que se desdobra em subtipos, conforme determinantes locais de origem germânica, celta e assim por diante. Ao lado do continental, o Direito inglês se apresenta cheio de traços inconfundíveis, que não se reduzem ao conceito de *precedent law* (mesmo porque certos princípios e práticas que fazem o *precedent law* existem também no direito norte-americano). Na América, a imposição de formas europeias condicionou formações mistas: nos EUA atuou o modelo continental europeu no Direito Público, e o inglês (até certo ponto) no Direito Privado e no processo. Nas nações latino-americanas houve influências da Europa continental nos códigos, mas não tanto nas constituições e no Direito Constitucional, largamente marcados pelo exemplo norte-americano[229].

Os sistemas jurídicos podem ser classificados da seguinte forma:

1 Como sistemas de direito específicos nacionais (sentido estrito): sistema francês, italiano, espanhol.

2 Por países situados em espaço territorial próximo: sistema de direito latino-americano, anglo-americano, centro-americano, norte-americano, dos países do Mercosul, sistema da *Common Law.*

3 Segundo o nível de desenvolvimento dos países: sistema de direito dos países desenvolvidos, dos países do terceiro mundo.

4 Segundo maior ou menor influência religiosa (histórico-religiosa): sistema de direito muçulmano, antigos sistemas asiáticos (chinês, japonês), o direito hindu.

5 Segundo os sistemas políticos: sistema de direito socialista e capitalista.

6 Segundo as diversas influências de legislações ou sistemas anteriores: o sistema romano-germânico, o sistema romano-francês.

Em essência, é comum dividir os sistemas jurídicos da seguinte maneira:

a) romanista e alemão;

b) anglo-americano;

c) socialista;

---

[229] SALDANHA Nelson. *Sociologia do Direito.* 3. ed. São Paulo: Rt, 1989, p. 52-53.

d) hispano-americano;

e) islâmico; e

f) africano.

Graças ao conhecimento dos princípios que determinam a correlação entre as leis dos diferentes tempos e lugares, sabe-se qual o complexo de regras em que se enquadra um caso concreto. Estrema-se do conjunto que parece aplicável ao fato. Não se trata de uma arte para simples deleite intelectual, para o gozo das pesquisas e o passatempo de analisar, comparar e explicar os textos[230].

É oportuno ressaltar as vantagens (benefícios) do Direito Comparado:

a) No terreno prático e concreto é evidente que o conhecimento do direito estrangeiro é indispensável ao advogado, ao juiz, ao árbitro (notadamente em matéria de arbitragem comercial internacional), ao homem de negócios, ao negociador, ao diplomata. Todos os sistemas de conflitos de leis admitem, em certos casos, a aplicação da lei estrangeira.

b) O direito comparado possibilita novas aberturas, permite conhecer outras regras e sistemas diferentes.

c) O direito comparado permite ao jurista um melhor conhecimento e uma melhor compreensão do seu direito, cujas características particulares se evidenciam, muito mais, através de uma comparação com o estrangeiro. Ele enriquece a bagagem do jurista, até mesmo o mais graduado, pois lhe fornece as perspectivas, as ideias, os argumentos que o simples conhecimento de seu próprio direito não lhe forneceria.

d) O método comparativo é, em todo o caso, necessário para o estudo aprofundado da história do direito ou da filosofia jurídica. Ele revela, ainda, a teoria geral do direito, que somente atinge o seu valor quando abstraída da estreita técnica de um sistema particular. Somente ele pode oferecer uma visão completa, não compartimentada, do fenômeno jurídico.

De igual forma o é, particularmente, no momento das uniões regionais, como a das comunidades europeias, e em uma época onde há um esforço geral pela organização

---

[230] MAXIMILIANO, Carlos. *Hermenêutica e Aplicação do Direito*. 16. ed. Rio de Janeiro: Forense, 1996, p. 9-10.

de uma ordem jurídica pacífica e coordenada. As dificuldades nessa matéria, certamente, não podem ser negligenciadas; mas elas advêm, precisamente, da circunstância de que - entre as nações que tentam realizar semelhante ordem - a supremacia do direito ainda não é plenamente reconhecida. A prática sincera do direito comparado pode apresentar, nesse sentido, grande utilidade[231].

Como se observa, este método viabiliza o estudo dos regulamentos vigentes sobre a matéria estudada em diferentes países, verificando-se a necessidade da unificação legislativa e da aproximação das legislações às exigências contemporâneas.

É certamente interessante tirar conclusões depois da análise das normas jurídicas de outros países. Por exemplo, ao analisar o Artigo 3.1 do Código Civil Espanhol, em que se enumeram os critérios hermenêuticos para lograr a interpretação, destaca-se a orientação objetiva, ao expressar que "as normas se interpretaram segundo o sentido próprio das palavras, em relação ao contexto, os antecedentes históricos e legislativos e a realidade social do tempo em que têm de ser aplicadas, atendendo fundamentalmente ao espírito ou finalidade daquelas". Na interpretação deve-se levar em conta a realidade social existente no momento da aplicação da norma, parecendo claro que com ela devem-se afrontar determinadas situações que o legislador histórico não previu; em outras palavras, a norma vive uma existência que não se vincula exclusivamente à hipótese contemplada, pois que quando se a aplica não se realiza a vontade do legislador. Introduz-se assim um fator de limitação na tarefa de quem aplica o direito (juízes, funcionários, árbitros), com o que se pretende uniformizar a interpretação[232].

A globalização, do ponto de vista econômico, refere-se à internacionalização produtiva do estágio alcançado da produção internacional. O conceito de globalização relaciona-se à distribuição mundial dos bens através de um sistema de redes privadas, firmas multinacionais, representando a extensão dos mercados e a internacionalização da economia em diversos territórios. Como reflexo da integração global, o comércio global se constitui em diferentes blocos econômicos da América, Ásia, Europa e África.

A globalização só é possível graças ao desenvolvimento da tecnologia: a computação, as comunicações que possibilitam as relações contratuais em grande escala e a concentração das riquezas em alguns países, existindo um conjunto de países

[231] ANCEL Marc. *Utilidade e métodos do direito comparado.* Tradução: Prof. Sérgio José Porto. Porto Alegre: Sergio Antonio Fabris Editor, 1980, p. 18.

[232] DIEZ-PICAZO, Luis; GULLÓN, Antonio. *Instituciones de Derecho Civil.* Madrid: Tecnos, 1995, p. 115.

excluídos de todo o processo e benefícios, especialmente os da África e da América Latina.

Como se observa, a globalização refere-se a um conjunto de fenômenos econômicos, sociais, políticos e culturais, mas também jurídicos. Do ponto de vista econômico e jurídico o livre comércio e a criação de um espaço social comunitário, por exemplo, exigem transformações jurídicas que têm como causas:

a) a necessidade da circulação livre de bens, serviços e capitais;

b) a internacionalização das forças produtivas;

c) a possibilidade de deslocamento dos habitantes da comunidade para outros países;

d) a necessidade de melhorar as condições de competitividade;

e) facilitar a circulação de trabalhadores e cidadãos.

Portanto, a integração dos mercados traz como consequência: “os desdobramentos institucionais e jurídicos”.

Enfim, o conhecimento dos direitos estrangeiros é de importância prioritária para o legislador, o intérprete e o aplicador do direito nacional. O mundo das relações internacionais tem mudado nas últimas décadas, principalmente sua distribuição econômica por regiões. Nos dias de hoje fala-se de globalização e de integração como um processo econômico internacional constituído como uma necessidade do mundo moderno. Com esses termos abordam-se questões essenciais da economia mundial e o direito neste novo século, possibilitando mudanças nas relações internacionais entre países.

4.4 Interpretação, integração e aplicação do direito

Há uma evidente interconexão entre interpretar, integrar e aplicar direitos. Eis que: “a tarefa de estabelecer regra subjaz a uma regularidade de condutas ou a uma frase linguística é traçada de forma diligente quando se deve decidir, por um ‘sim’ ou um ‘não’, a aplicabilidade da norma a um caso concreto em face da necessidade de pretender determinar quais norma jurídicas são relevantes para resolver um caso, seja tentando obter essas normas de textos dotados de autoridade legal ou de precedentes judiciais”[233]. Devido à importância do tema, a seguir, estudaremos as interconexões possíveis entre *intepretação e integração* e *interpretação e aplicação.*

4.4.1 Interpretação e integração

A expressão social do direito, ou melhor, sua integração, é vinculada à sociologia que, como ciência, estuda os diferentes fenômenos sociais. Sua aplicação permite verificar a correspondência existente entre a ciência do direito e as relações sociais e econômicas.

Vale consignar que, às vezes, nos textos jurídicos se utiliza o termo integração como sinônimo de aplicação, entendendo-se que ao aplicar a norma jurídica o intérprete também integra o direito. Assim, muitos doutrinadores definem a aplicação ou integração do direito como o ato de enquadrar um caso concreto com norma jurídica adequada.

O conceito de integração é vinculado à concepção e necessidade de existência do direito integral (integridade jurídica). A integração do direito origina-se pela falta de clareza, pelas insuficiências e imperfeições das normas jurídicas como causa direta das lacunas nas leis.

Verifica-se, portanto, que:

> na tarefa de suprir as lacunas da lei, o juiz se vale de dois processos: autointegração da lei e heterointegração das leis, decidindo o caso de acordo com a analogia, os costumes e os princípios gerais de direito. A heterointegração da lei consiste na tarefa de preencher as lacunas do ordenamento jurídico positivo mediante invocação de princípios do direito e apelo à doutrina, à jurisprudência, aos usos e costumes, à equidade e ao direito comparado[234].

Neste ponto o juiz já não só interpreta uma norma, mas trata de cumprir uma tarefa análoga à atividade desempenhada pelo legislador, em relação a um caso particular e concreto.

Pela integração não se estabelece o significado de uma norma, mas se substitui ou se corrige um defeito material normativo. Por isso, o tema geral da integração das

---

[233] NINO, Carlos Santiago. *Introdução à análise do direito*. Trad. Elza Maria Gasparotto; revisão da tradução Denise Matos Marino. São Paulo: Editora WMF Martins Fontes, 2010, p. 290, 349.

[234] SAYÃO Romita, Arion. *A norma jurídica*. As normas jurídicas no Direito do Trabalho. Rio de Janeiro: Freitas Bastos [s.d.], p. 99-100.

normas é conhecido pelo nome de lacunas do direito e abarca também o modo ou procedimento para o preenchimento dessas lacunas[235].

A verdade é que o jurista prático e, especificamente o julgador, passa a relacionar o conteúdo normativo com a realidade jurídica: relações e conflitos, tendo como tarefa de aplicar e integrar o preceito de direito e esse processo só é possível por meio da interpretação.

Para isso, é necessário entender a natureza das mudanças legislativas que acontecem dentro de certos sistemas jurídicos ou em diferentes períodos históricos, o que estimula o desenvolvimento de pesquisas que explicam o processo de desenvolvimento histórico das sociedades.

Quando explicamos o fenômeno da sucessão legislativa, compreendemos que o direito está dentro de um desenvolvimento dialético produzido nas normas e disposições jurídicas, as quais refletem as relações socioeconômicas cambiantes.

Assim, quando as próprias relações objetivas da vida mudam, também mudam as leis, fato que demonstra a relação entre as normas jurídicas e as condições sociais e econômicas. Esta relação dialética justifica a transformação do conteúdo das regras e do significado que cada categoria alcança jurídica em certa sociedade, sendo ela fundamento jurídico e filosófico da sucessão dos códigos e das modificações ou revogação das leis.

Dessa forma, podemos demonstrar a fundamentação filosófica das transformações sociais e jurídicas observando a unidade dialética que existe entre as relações socioeconômicas e jurídicas e verificar que as categorias jurídicas são a reflexão das relações sociais e econômicas.

É oportuno ressaltar que o desenvolvimento de qualquer país é caracterizado por novas formas de relações econômicas que influenciam na propriedade, nos contratos e nas obrigações, instituições estas que mudam segundo evoluam ditas relações; por exemplo, nos códigos civis se estabelece um tratamento específico para as categorias das obrigações e dos contratos que são consequências próprias das relações socioeconômicas como vínculo jurídico protegido por normas ou regras.

---

[235] DIEZ-PICAZO, Luis; GULLÓN, Antonio. *Instituciones de Derecho Civil.* Madrid: Tecnos, 1995, p. 121-122.

Assim, os procedimentos de integração (autointegração e heterointegração) do sistema jurídico têm a ver com todos esses fatores. Fala-se de uma heterointegração quando o sistema jurídico recorre a outro sistema diferente para levar a cabo a tarefa de complementação. É um procedimento próprio de sistemas jurídicos pouco desenvolvidos que pressupõem outro melhor e mais perfeito. É o sistema dos chamados direitos supletórios, muito usado até o tempo da Codificação. O direito romano, em sua função de direito comum e de razão escrita, supria as deficiências dos direitos particulares. Hoje, o sistema de heterointegração é utilizado não com respeito ao ordenamento jurídico considerado como unidade total, mas para algumas de suas partes pela relação que elas guardam entre si. Desta feita, o Código Civil é supletório de outros corpos legais e nas relações entre estes se produzem também formas de heterointegração por remissão de uns a outros. Por isso o Código de Comércio se remete ao Código Civil, na matéria processual etc.

A autointegração do sistema pode ser feita através de diferentes métodos para se lograr a expansão lógica do direito positivo, expansão esta que coincide com o que em termos gerais pode ser chamado método analógico e é o preconizado sobretudo pela concepção rigidamente positiva do ordenamento que não admite a existência de outras normas que não as positivamente estabelecidas. Diferente é o sistema de integração do ordenamento mediante a busca e aplicação de princípios gerais de direito, com o que se chega ao que pode ser chamado de integração principal, pois, à falta de toda norma ou costume, sempre existirá um princípio geral de direito que seja aplicável"[236].

A conexão entre os processos de interpretação, integração e aplicação do direito torna-se, assim, evidente:

Primeiro, perante um conflito ou relação jurídica, havendo lei expressa, o julgador há de proceder à interpretação do seu texto.

Segundo, caso não exista previsão legal, deverá ser observado o prescrito na Lei de Introdução às Normas do Direito brasileiro (LINDB), artigos 4º e 5º:

- "Quando a lei for omissa, o juiz decidirá o caso de acordo com a analogia, os costumes e os princípios gerais de direito".

---

[236] DIEZ-PICAZO, Luis; GULLÓN, Antonio. *Instituciones de Derecho Civil.* Madrid: Tecnos, 1995, p. 122.

- "Na aplicação da lei, o juiz atenderá aos fins sociais a que ela se dirige e às exigências do bem comum".

A deontologia desta regra faz insurgir as seguintes questões relevantes (problemas):

1. Qual é o limite da analogia?

2. Até que ponto o costume pode vir influenciar sobre decisões que tenham como objeto novos direito?

3. Como os princípios gerais de direito podem vir a incidir sobre a interpretação normativa e as decisões jurídicas?

4. Qual é a concepção que deve primar acerca do significado de fins sociais e bem comum?

Em poucas palavras: a analogia, o costume, princípios gerais, fins sociais e bem comum podem, e devem ser usados quanto não há lacuna ou omissão na lei?

Três parecem ser as técnicas principais para desenvolver um bom processo de interpretação, em face da integração, aplicação e concretização de direitos, a saber.

Diante de uma lei vigentes (omissa ou não), o intérprete e o julgador deverão considerar:

1. a literalidade da norma (e seus recursos lógicos).

2. os fatores sociais (recursos ontológicos).

3. os valores morais (recursos axiológicos).

As três orientações fazem parte do fundamento desses processos.

Cabe igualmente lembrar que, como prescrito no artigo art. 140 do novo CPC "*O juiz não se exime de decidir sob a alegação de lacuna ou obscuridade do ordenamento jurídico*". No julgamento da lide caber-lhe-á aplicar as normas legais; não as havendo, recorrerá à analogia, aos costumes e aos princípios gerais de direito. Todavia, conforme os artigos 1º "*o processo civil será ordenado, disciplinado e interpretado conforme os valores e as normas fundamentais estabelecidos na Constituição da República Federativa do Brasil, observando-se as disposições deste Código*" e 8º "*Ao aplicar o ordenamento jurídico, o juiz atenderá aos fins sociais e às exigências do bem comum, resguardando e promovendo a dignidade da pessoa humana e observando a proporcionalidade, a razoabilidade, a legalidade, a publicidade e a eficiência*".[237] (Grifo nosso)

Em suma, ninguém mais pode afirmar seriamente que a aplicação (concretização) depende unicamente da literalidade normativa, isto é, da positivação das normas jurídicas.

Há no mínimo seis obstáculos à aplicação (concretização) de direitos, a saber: a) a imprecisão da linguagem do Direito; b) a possibilidade de conflitos entre as normas; c) a possibilidade de haver casos que requeiram uma regulamentação jurídica; d) a possibilidade, em casos especiais, de uma decisão contrária à literalidade da norma"; e) ausência de meios ou mecanismos de concretização; f) falta de vontade e consciência.

Direitos humanos e fundamentais são direitos morais universais; por esse motivo, todos devemos ter direitos, isto é, devemos ter igualdades de direitos e de oportunidade.

Acontece que somos iguais em dignidade, mas não em atitudes. Portanto, é ilusória a afirmação de que as sociedades não capitalistas geram igualdades e se preocupam com a não pobreza.

Na prática, nessas sociedades existe, sim, desigualdades. Há uma diferença visível entre militantes e não militantes e, mesmo entre os militantes, marcadas pela propriedade, privilégios, influências, controle e poder etc.

Não existe no mundo sociedade igualitária. Logo, a discussão acerca da eliminação das liberdades como premissa para eliminar a divisão da sociedade em classes e a desigualdade é vazia, pois só nos condena à negação dos direitos humanos e fundamentais.

Quando se coloca a eliminação das liberdades como condição para a eliminação da desigualdade e da pobreza estamos desconsideramos a importância dos direitos humanos e fundamentais.

A meu ver, a eliminação da pobreza e das desigualdades somente é possível por meio da promoção dos direitos sociais, condição para inclusão, a cidadania plena e a igualdade de oportunidades.

---

[237] Arts. 1º, 8º e 140 da Lei nº 13.105, de 16 de março de 2015 (Código de Processo Civil). Disponível em: http://www.planalto.gov.br/ccivil_03/_Ato2015-2018/2015/Lei/L13105.htm. Acesso em: 12, 08, 2015.

Isto é responsabilidade de todos: Estado, Sociedade, isto é, pelo setor público e privado. A edificação da consciência deve-se sobrepor ao egoísmo.

A riqueza obtida pelo trabalho, e a contribuição social não deve ser objeto de preocupação. O que deve preocupar é a riqueza ilícita e imoral: a criminalidade e a corrupção.

Todos somos iguais em dignidade (dignidade da pessoa humana). Todos devemos ter direitos garantidos formal e materialmente garantidos.

A todos devem ser garantidas a igualdades de direitos e de oportunidade. Importa o empenho pela educação, a cultura e a consciência.

4.4.2 Interpretação e aplicação

Há, igualmente uma interconexão entre interpretação e aplicação. Como bem afirma Carlos Maximiliano[238], a aplicação da lei não prescinde da hermenêutica, pois a primeira pressupõe a segunda. Em princípio, adaptar um preceito ao caso concreto pressupõe:

a) uma atividade crítica, verificando a autenticidade e constitucionalidade da lei, regulamento ou ato jurídico;

b) uma interpretação, a fim de descobrir o sentido e o alcance do texto;

c) o suprimento das lacunas;

d) o exame das questões possíveis sobre ab-rogação ou simples derrogação de preceitos, bem como acerca da autoridade das disposições expressas relativamente ao espaço e ao tempo.

O termo aplicação, ainda que abranja a crítica e a hermenêutica, é geralmente empregado para exprimir a atividade prática do juiz, ou administrador e o ato final, posterior ao exame da autenticidade, constitucionalidade e conteúdo da norma[239].

Assim, quem aplica o direito observa as circunstâncias daqueles fatos para verificar sua correspondência com as hipóteses de várias normas selecionadas de forma provisória.

---

[238] MAXIMILIANO, Carlos. *Hermenêutica e Aplicação do Direito*. 16. ed. Rio de Janeiro: Forense, 1996, p. 8.

[239] MAXIMILIANO, Carlos. *Hermenêutica e Aplicação do Direito*. 16. ed. Rio de Janeiro: Forense, 1996, p. 9.

Neste sentido que não é suficiente concluir que a expressão "matar alguém" contida no art. 121 do Código Penal Brasileiro, significa tirar a vida de uma pessoa; "devemos, sim, decidir, por exemplo, se ela abrange um caso como o de quem deixa de salvar a vida de outro, tendo o dever de fazer isso"[240].

A determinação ou fixação dos fatos, porém, deve ser acompanhada da escolha da norma aplicável. O problema fundamental é a escolha correta, pois o ordenamento jurídico se constitui como um conjunto de normas que são ordenadas e sistematizadas, de acordo com critérios diversos e segundo sua estrutura e classificação. No entanto, ao se aplicar o direito resolvem-se os casos com base na tradição, formação e experiência. Por exemplo, a interpretação do direito na Europa Continental, a diferença do anglo-saxão, se baseia no estudo sistemático do ordenamento e nos conceitos elaborados sob o mesmo, e não na busca de uma similitude entre o caso real e outro idêntico ou parecido que já foi objeto de decisão[241].

Desta forma, a prática jurídica se centra na análise das relações existentes entre o interesse de uma ordem social (plasmados em normas jurídicas gerais e abstratas) e o bem-estar dos cidadãos (nexo materializado nos textos legais), a saber, segurança, paz, desenvolvimento etc.

Nesse processo de julgar para pacificar, os juízes geralmente enfrentam normas promulgadas por meio de uma linguagem e, na imensa maioria dos casos, da linguagem escrita. Mas, acontece que os julgadores, perante o direito legislado, estão vinculados não por um conjunto de normas, mas por uma série de enunciados cujo significado é atribuído de acordo com certas regras semânticas e sintáticas, quer o próprio legislador as tenha considerado ou não. Contudo, uma virgula, talvez mal colocada, pode vir a constituir um obstáculo muito mais grave para os juízes que a suposta intenção do legislador sobre o sentido de uma palavra, visto que os tribunais não podem alterar, apagando ou riscando, o que está escrito em um texto legal, mas podem, sim, adaptar o significado das expressões linguísticas a usos linguísticos diferentes dos seguidos pelo legislador. Isto serve para desqualificar a concepção tradicional sobre a atividade judicial, originada na escola da exegese francesa e na jurisprudência dos conceitos alemã, que caracteriza a tarefa dos juízes como consistente na aplicação mecânica de

---

[240] NINO, Carlos Santiago. *Introdução à análise do direito*. Trad. Elza Maria Gasparotto; revisão da tradução Denise Matos Marino. São Paulo: Editora WMF Martins Fontes, 2010, p. 290.

[241] DIEZ-PICAZO, Luis; GULLÓN, Antonio. *Instituciones de Derecho Civil*. Madrid: Tecnos, 1995, p. 112.

certas regras a determinados casos, sem que tenham a possibilidade, nem a função de efetuar uma reelaboração de tais regras[242].

Certamente, o jurista, ao conceber normativamente as relações sociais, a fim de criar condições para decidibilidade de seus conflitos, também é um cientista social, há de se reconhecer que a norma não é o único critério fundamental de análise, manifestando-se para ele o fenômeno jurídico como um *dever-ser* da conduta, um conjunto de proibições, obrigações, permissões, por meio das quais os homens criam entre si relações de subordinação, coordenação, organizam seu comportamento coletivamente, interpretam suas próprias prescrições, delimitam o exercício do poder etc. Com isto é também possível encarar as instituições sociais, tais como a família, a empresa, a administração pública, como conjuntos de comportamentos disciplinados e delimitados normativamente. A relação jurídica, continua o citado autor, só se estabelece entre pessoas. Essa vinculação entre pessoas é, pela mesma natureza do direito, que traduz equilíbrio, uma relação em que as partes se igualam em condições. Ao direito de cada um corresponde uma obrigação e vice-versa[243].

Assim sendo, no decorrer do processo de aplicação, determinadas características da relação jurídica devem ser observadas, a saber: a) existência de uma relação material entre duas ou mais pessoas que precise de proteção jurídica; b) expressão dessa relação em uma norma jurídica e; c) existência de uma sanção ou consequência para o caso de inadimplemento.

Dentro do conjunto de atividades que devem se desenvolver no quadro da aplicação do direito, a interpretação constitui a operação jurídica básica[244]. Em essência, quando se aplica o direito se verifica a correspondência entre um caso concreto e uma norma jurídica. Esse procedimento consiste em submeter o conteúdo prescritivo da regra jurídica a um fato da realidade, verificando-se assim a proteção jurídica das relações socioeconômicas e a dos conflitos jurídicos. As normas jurídicas "tratam sobretudo de ser aplicáveis à realidade. Toda norma jurídica já se considera como um comando, um imperativo, uma regra de conduta ou um critério de decisão de conflitos, nasce e perdura com a pretensão de que a realidade social se ajuste a ela".

---

242 NINO, Carlos Santiago. *Introdução à análise do direito*. Trad. Elza Maria Gasparotto; revisão da tradução Denise Matos Marino. São Paulo: Editora WMF Martins Fontes, 2010, p. 291-292, 349.
243 VASCONCELOS Arnaldo. *Teoria da norma jurídica*. Rio de Janeiro: Forense, 1978, p. 205.
244 DIEZ-PICAZO, Luis; GULLÓN, Antonio. *Instituciones de Derecho Civil*. Madrid: Tecnos, 1995, p. 112-113.

A seleção da norma aplicável é uma operação de aproximação do direito. Nesse sentido, o aplicador do direito revisa toda uma série de proposições jurídicas, excluindo umas imediatamente e acolhendo outras, deste modo acercando-se da solução. Esta atividade origina indiscutivelmente um trabalho de interpretação. O aplicador tem que localizar a hipótese do fato previsto e a determinada consequência jurídica, pois a interpretação da lei não é só buscar seu sentido e significação, senão também a situação à qual se aplicará a consequência jurídica. Realmente, a concreção final da norma deve ser aplicada e o consequente abandono de outras normas para o mesmo fim se derivam do ajuste entre a hipótese do fato e o fato real. Se o contraste entre ambos resulta positivo, se poderá alcançar a consequência jurídica desejada pela norma, o que obrigará a fixar seu sentido[245].

Tecnicamente, estabelecida a norma jurídica, e tendo incidido, em meio à vida real, algum problema com ela relacionado, a solução a ser dada encerra três fases distintas:

Primeira, concerne ao conhecimento da hermenêutica, isto é, ao conjunto de regras que norteiam a arte de averiguar, o direito contido nas leis e nas demais formas de que ele se reveste.

Segunda, respeita a utilização dessas regras com referência ao conhecimento da norma que se tenha em vista, fase esta de mera interpretação do direito.

Terceira, é a fase final e propriamente dita da integração dos resultados do trabalho interpretativo, no caso concreto, com o fim de lhe dar a melhor solução jurídica[246].

Igualmente, no processo de aplicação do direito o uso e intepretação da jurisprudência é de significativa importância, pois sabe-se que ela, resulta da própria atividade judiciaria.

Assim sendo, existe um direito jurisprudencial que há de ser interpretado, toda vez que "as normas de origem judiciária não só constituem o núcleo mais importante de alguns sistemas jurídicos (o conhecido *common law*). Vê-se que, a determinação das normas jurisprudenciais relevantes para solucionar um caso é feita por meio de um processo fundado no "raciocínio mediante exemplos", que tem como técnica a

---

[245] DIEZ-PICAZO, Luis; GULLÓN, Antonio. *Instituciones de Derecho Civil.* Madrid: Tecnos, 1995, p. 113.

[246] FRANÇA, Limongi, R. *Hermenêutica Jurídica.* 7. ed. São Paulo: Saraiva, 1999, p. 35-36.

comparação entre casos que orienta: *primeiro*, investigar as semelhanças entre o caso que se deve resolver e um caso já resolvido (uso da analogia); *segundo*, identificar a regra usada na resolução do caso anterior; *terceiro*, a aplicar essa regra ao novo caso proposto[247].

Porem, o processo de interpretação e uso do direito jurisprudencial tanto pelos advogados, como pelos juízes, apresenta inúmeras dificuldades e limites que podem ser superados, uma vez de serem observados os seguintes critérios:

a) Hierarquia. O critério da hierarquia se refere à determinação da autoridade e hierarquia do tribunal e juiz julgador do caso anterior. Na prática, facilmente pode ser observada a procura por decisões anteriores se ser observado este critério;

b) Adequação. O critério de adequação exige que o caso resolvido, objeto de analogia não seja um precedente distante no tempo e no espaço, pois tais precedentes perdem sua força vinculativa.

c) Coerência. O critério de coerência se refere à seleção da norma: princípio ou regra aplicável. Este critério exige a decisão do caso anterior esteja fundada na escolha daquela norma ou critério que se adequa ao novo caso. No mesmo sentido, é necessário que o caso a ser resolvido esteja no âmbito de aplicação da norma.

Quanto às dificuldades, isto é, dos aspectos que invalidam ou limitam o uso e a interpretação do direito jurisprudencial cita-se, por exemplo, o fato de os juízes não estarem serem obrigados a aceitar as decisões de outros juízes como recurso decisivo para sua decisão.

Assim, por exemplo, ao fundamentar, explica Víctor Gabriel Rodríguez[248], o julgador põe à prova seu método de raciocínio, pois as partes merecem conhecer tanto o método do raciocínio do juiz quanto a prova de que foram avaliados todos os elementos levados ao processo, incluindo-se nesses elementos os argumentos arguidos pelas partes, um a um. Quando fundamenta uma decisão, o juiz está preocupado em exteriorizar seu próprio raciocínio, explicando detalhadamente os motivos pelos quais ele foi levado a determinada conclusão, seja na avaliação das provas, seja na avaliação das teses a ele exposta. Expondo os motivos da sua decisão, o juiz põe à prova seu

[247] NINO, Carlos Santiago. *Introdução à análise do direito*. Trad. Elza Maria Gasparotto; revisão da tradução Denise Matos Marino. São Paulo: Editora WMF Martins Fontes, 2010, p. 346.

[248] RODRÍQUEZ, Victor Gabriel. *Argumentação jurídica*: técnicas de persuasão e lógica informal. 4. ed. São Paulo: Martins Fontes, 2005, p. 41.

raciocínio enunciado. Assim, quando o juiz faz sua fundamentação, elenca elementos que devem convencer as partes de que seu raciocínio é o mais correto, é o decorrente da lei, e de que seu livre convencimento não provém da arbitrariedade, mas sim de uma boa avaliação de todas as provas e de todo o ordenamento legal.

Então, de modo geral, o juiz hodierno procura embasar suas decisões nas provas existentes, nos autos e nos argumentos propostos pelas partes, levando em conta sua livre convicção pessoal motivada. Assim sendo, o Juiz, partindo do caso concreto que lhe foi posto, e após a apresentação de provas e argumentos dispostos pelas partes, exerce a sua liberdade para decidir acerca de seu conteúdo de forma a considerar o mais adequado, conforme seu convencimento, e dentro dos limites impostos pelo *Sistema de Direito Vigente* e, especialmente, pela Constituição. O juiz há de motivar (fundamentar) sua decisão de acordo com o disposto no artigo 489 do NCPC (fundamentos da sentença), assim como, a seguir, examinamos.

Conforme prescrito no artigo Art. 489, III, § 1º do NCPC, não se considera fundamentada qualquer decisão judicial [...], sentença, que:

> I - se limitar à indicação, à reprodução ou à paráfrase de ato normativo, **sem explicar sua relação com a causa ou a questão decidida**;
>
> II - empregar conceitos jurídicos indeterminados, **sem explicar o motivo concreto de sua incidência no caso**;
>
> III - **invocar motivos** que se prestariam **a justificar qualquer outra decisão**;
>
> IV - **não enfrentar todos os argumentos** deduzidos no processo capazes de, em tese, infirmar a conclusão adotada pelo julgador;
>
> V - se limitar a invocar precedente ou enunciado de súmula, sem **identificar seus fundamentos** determinantes nem demonstrar que o caso sob julgamento se ajusta àqueles fundamentos;
>
> VI - deixar de seguir enunciado de súmula, jurisprudência ou precedente invocado pela parte, **sem demonstrar a existência de distinção no caso em julgamento** ou a superação do entendimento. (Grifo nosso)

Por conseguinte, no processo decisório, adota-se o princípio da persuasão racional, sendo que o juiz está vinculado à prova e aos elementos existentes nos autos (argumentos) e não exclusivamente à prescrição normativa. Assim, a sua decisão é dada com base nos elementos existentes no processo, que avalia conforme aos critérios valorativo e racional, assim como prescrito no Novo Código de Processo Civil.

> Art. 371. O juiz apreciará a prova constante dos autos, independentemente do sujeito que a tiver promovido, e indicará na decisão as **razões da formação de seu convencimento**.
>
> Art. 372. O juiz poderá admitir a utilização de prova produzida em outro processo, **atribuindo-lhe o valor que considerar adequado**, observado o contraditório. (Grifo nosso)

Diz-se, assim, do princípio da persuasão racional que orienta o juiz a formar livremente seu convencimento na análise de provas. Por esse motivo, o que os obriga é a *ratio decidendi* das sentenças anteriores, quer dizer, o princípio geral que explica as decisões adotadas, uma vez que tenham selecionado os precedentes, o que os juízes são obrigados a realizar (de acordo com seu próprio ponte de vista e não compelidos a aceitar o de seus colegas, que aplicaram sentenças anteriores) é a formulação de uma regra que serva para motivar as decisões. É importante observar que nesta parte do raciocínio o juiz também goza de uma considerável liberdade. Certamente, o corpo judiciário tem a seu alcance um admirável complexo de pressupostos e técnicas de argumentação fornecido pela ciência jurídica, que lhe permite cumprir a função de reelaborar as normas gerais e, ao mesmo tempo, fazer isso de forma não manifesta[249].

Todavia a *ratio decidendi* parece legitimar o juiz no processo de reelaboração de normas, como explicado: alargamento ou não alargamento do sentido do texto, conduzindo suas decisões pelos caminhos definidos por critérios axiológicos que servem de fundamento.

A subjetividade e as preferências do julgado, como explicado, constitui um grande obstáculo para as mudanças sociais, quando a ideologia do corpo judicial não coincide com os propósitos dos legisladores e da opinião pública que pretendem tais mudanças, retirando do direito sua função instrumental. Neste ponto, talvez os legisladores pudessem contribuir dando regras de hermenêutica legais que indiquem a preferência das soluções com determinadas consequências que promovam a concretização dos objetivos ou valores sociais[250].

A respeito da necessidade o observar as mudanças sociais e da resolução dos problemas em face da concretização dos objetivos sociais Häberle[251], ao defender o

---

[249] NINO, Carlos Santiago. *Introdução à análise do direito*. Trad. Elza Maria Gasparotto; revisão da tradução Denise Matos Marino. São Paulo: Editora WMF Martins Fontes, 2010, p. 348, 360.

[250] NINO, Carlos Santiago. *Introdução à análise do direito*. Trad. Elza Maria Gasparotto; revisão da tradução Denise Matos Marino. São Paulo: Editora WMF Martins Fontes, 2010, p. 358.

[251] HÄBERLE, Peter. *Hermenêutica Constitucional - A Sociedade aberta dos intérpretes da Constituição*: contribuição para a interpretação pluralista e "procedimental" da Constituição. Trad. Gilmas Ferreira

paradigma da “sociedade aberta”, exige que cidadão e cada partido político que viva sob os efeitos da Constituição são co-intérpretes desta Constituição. Trata-se, pois, de uma “perspectiva socioconstitucional, consequência do conceito republicano de interpretação aberta”, por meio da qual uma teoria constitucional se concebe como ciência da experiência, pois deve estar em condições de, decisivamente, explicitar os grupos concretos de pessoas e os fatores que formam o espaço público, o tipo de realidade de que se cuida, a forma como ela atua no tempo, as possibilidades da interpretação constitucional devem ser formuladas no sentido puramente sociológico da ciência da experiência. Eu digo, isso é o fundamento de uma interpretação pragmática e, nisto deve consistir o ativismo judicial.

O ativismo judicial é uma consequência direta das lacunas da legitimidade no Estado contemporâneo. A inflação legislativa, a pretensão de expansão do Estado e a redução da função criativa da jurisprudência e da doutrina judicial não são interpretadas apenas por membros da sociedade, como fatores de risco e fatores disfuncionais da vida pública e do objeto de um questionamento moral frente aos conflitos que afetam originários da crise real das instituições centrais. Isso explica o interesse crescente da doutrina pelos problemas do raciocínio e de política jurídica, a primaria dos enfoques funcionalistas sobre os enfoques da dogmática positivista e as mudanças das versões mais desenvolvidas em face das posturas pós-positivistas, interessadas por novas relações entre teoria e prática. Igualmente, o desenvolvimento, no centro do Estado Democrático de Direito contemporâneo, de um evidente infra Estado paralelo com seus próprios códigos e procedimentos, alimentado pela corrupção na vida pública e privada, a perpetuação de redes clientes oportunistas, a conivência entre “poderes fáticos”, políticos, empresariais e sindicais, a corrupção institucionalizada e a crises de legitimidade da justiça definem um novo marco condicionante das relações entre a teoria da interpretação e da aplicação do direito[252].

De fato, o direito brasileiro hodierno é caracterizado pelo aumento da atividade judicial, o que passa a ser compreendido equivocamente como a necessidade de ativismo judicial para concretizar direitos. Nesse contexto, se erige o grande problema que enfrenta a hermenêutica contemporânea. Se por um lado, em teoria, superou-se a forma de interpretação e de raciocínio herdada do positivismo exegético-racionalista,

---

Mendes. Porto Alegre: Sergio Antonio Fabris, 1997, p. 19.

[252] ZULETA Puceiro, Enrique. *Elementos de teoría del derecho*. Buenos Aires: Abeledo Perrot, 270-271.

por outro, os juristas ainda não conseguiram construir as condições para o controle das posturas voluntaristas e autoritárias. Isto é, se outrora o intérprete estava sujeitado a uma estrutura pré-estabelecida, a partir do século XX, o dilema passou a ser: como estabelecer controles à interpretação do direito e evitar com que os juízes se assenhorem da legislação democraticamente construída?[253]; ou pensando positivamente, fazer com que os juízes considerem a legislação democraticamente constituída.

A solução mais racional para inibir esses problemas, e que aqui pode ser considerada como a contribuição da nossa pesquisa é: a) que os legisladores promulguem normas compatíveis com os fins sociais previamente definidos e convencionados; b) que os intérpretes e julgadores não se escudem em ideologias e interesses econômicos de grupos ou partidos políticos. Evidentemente, isto exige de uma Ética Pública que seja capaz de orientar a convivência social nas sociedades modernas.

4.4.2.1 Razoabilidade pragmática

Definimos a razoabilidade pragmática como a qualidade do que é conveniente e oportuno para a sociedade em seu conjunto. Contudo, a razoabilidade pragmática que aqui propomos e defendemos é a doutrina da "responsabilidade social", fundada na ética pública.

A razoabilidade pragmática é possível e necessária porque os julgadores têm um âmbito considerável de discrição (discricionaridade). De fato, a discricionaridade pode ser dividida em "discrição de direito", ou seja, outorgada pelas regras do sistema (por exemplo, quando o juiz está autorizado a escolher, claro que não de forma arbitrária, uma pena, entre um máximo e um mínio fixados pela lei). Porém, boa parte da discrição judicial é uma "discrição de fato", que tem sua origem no caráter vago ou ambíguo da linguagem legal, ou nas lacunas e inconsistências do sistema jurídico. Certamente, uma das questões mais significativas na seara da razoabilidade é determinar a forma de o juiz exercer a discrição[254].

O problema acima apontado exigirá de um método de interpretação adequado e universal que somente pode ser idealizado a partir da concepção dos benefícios que a

---

[253] STRECK, Lenio L. Questionando o ativismo judicial ou "de como necessitamos de uma teoria da decisão". *Revista Direito e Paz*, Lorena, n. 30, p. 11-46, jan./jul. 2014, p. 17.

[254] NINO, Carlos Santiago. *Introdução à análise do direito*. Trad. Elza Maria Gasparotto; revisão da tradução Denise Matos Marino. São Paulo: Editora WMF Martins Fontes, 2010, p. 509.

própria prática jurídica pode vir a representar para a sociedade e não para um individuo ou grupo de individuo, partidos políticos etc. Isto nos obriga a recuperar as noções acerca da finalidade e função do direito, isto é, o funcionalismo jurídico.

A compreensão do significado do funcionalismo jurídico nos permite assimilar a ideia de que a discrição judicial propõe dificuldades particulares em uma sociedade democrática, onde os juízes não são funcionários eleitos pelo povo, nem com base em certos programas ideológicos, sendo em geral nomeados de forma vitalícia e por procedimentos alheios ao controle direito dos cidadãos. Desse modo, é questionável que os juízes adotem decisões baseadas em princípios, pontos de vista valorativos etc. outra dificuldade existe quando os juízes decidem um caso com base em uma regra ou princípio que não faz parte do sistema jurídico[255].

A razoabilidade pragmática (doutrina da "responsabilidade social", fundada na ética pública) aponta para as seguintes exigências e perspectivas da decidibilidade:

Primeiro, a interpretação e a decisão devem-se fundar nos estândares preexistentes e reconhecidos pelo sistema de direito e a ordem vigente.

Segundo, a intepretação e a decisão devem ser coerentes com as próprias decisões ou julgamentos emitido pelo juiz, possibilitando-se, assim, a harmonia, a previsibilidade e a justiça nos julgamentos, minimizando, logo, o conflito jurisprudencial.

Terceiro, a interpretação e a decisão não devem ser influenciadas por concepções ideológicas e sim pelos objetivos coletivos, convencionados socialmente, expressos em programas de pais e não de governos ou resultante de plebiscitos.

Resumidamente, a interpretação judicial consiste na identificação do conteúdo desses pressupostos, a partir das formulações provenientes das autoridades normativas. Ela possui limites (conceituais, não fáticos), no sentido de que nem todo enunciado que pretende ser objeto de uma interpretação pode razoavelmente ser subsumido de forma passiva sob o conceito de interpretação. Assim, a interpretação não consiste em atribuir qualquer significado ao texto, mas, em atribuir um dos significados que se encontram dentro do rango de significados admissíveis segundo o uso comum, os métodos interpretativos em uso e, as teorias dogmáticas[256].

---

[255] NINO, Carlos Santiago. *Introdução à análise do direito*. Trad. Elza Maria Gasparotto; revisão da tradução Denise Matos Marino. São Paulo: Editora WMF Martins Fontes, 2010, p. 510.

[256] MANERO, Juan Ruiz. *Epílogo*: interpretación jurídica y direcciones de ajuste. In, Doxa, Universidad

Em suma, a discricionariedade não legitima os juízes a ignorarem os objetivos sociais (coletivos), mas devem-se ater aos que estão legitimados pelos órgãos que gozam de representatividade democrática. Eles não devem renunciar, com base em argumentos de autoridade, a sua responsabilidade social e moral de decidir em virtude de princípios que consideram válidos, perpétuos e invariáveis, porém, com base naqueles que de forma pragmática irão garantir a concretização dos fins sociais: segurança, não impunidade, pacificação, desenvolvimento etc. "Essa é a única forma de cumprir com seu papel de intermediário entre a coação e a justiça"[257].

---

de Alicante. Discusiones XII, nº 11, Año 2012, pp. 203 a 219, p. 205-206.

[257] NINO, Carlos Santiago. *Introdução à análise do direito*. Trad. Elza Maria Gasparotto; revisão da tradução Denise Matos Marino. São Paulo: Editora WMF Martins Fontes, 2010, p. 513.

BIBLIOGRAFIA

AIDAR Ferreira, Silvia Maria. *A importância da utilização das regras de interpretação das normas jurídicas na aplicação do Direito ao caso concreto.* Conclusão do Curso "Métodos de Interpretação Jurídica". Universidade Bandeirante de São Paulo. São Paulo, 2000.

AGUILÓ Regla, Josep. *Sobre la Derogación.* Ensaio de Dinámica Jurídica. Distribuciones Fontamara, S.A., México, D.F. [s.d.].

ALEXY, Robert. *Teoria da Argumentação Jurídica.* Trad. Zilda Hutchinson Schild Silva. São Paulo: Landy, 2001.

ALEXY, Robert. *Teoria da argumentação jurídica*: a teoria do discurso racional como teoria da fundamentação jurídica. Trad. Zilda Hutchinson Schild Silva; rev. e introdução à edição brasileira Claudia Toledo. 2 ed. São Paulo: Landy, 2005.

ALEXY, Robert. *Una defensa de la fórmula de Radbruch.* En: Anuario da Facultade de Dereito da Universidade da Coruña, 2001.

ALEXY, Robert. *Teoria dos Direitos Fundamentais.* 2. ed. Trad. Virgílio Afonso da Silva. São Paulo: Malheiro, 2011.

ALEXY, Robert. *Direitos Fundamentais, Balanceamento e Racionalidade*. Ratio Juris. Vol. 16, n. 2, junho de 2003.

ANCEL Marc. *Utilidade e métodos do direito comparado.* Tradução: Prof. Sérgio José Porto. Porto Alegre: Sergio Antonio Fabris Editor, 1980.

ARISTÓTELES. *Os pensadores*. São Paulo: Nova Cultura. 1996.

ARISTÓTELES. Poética, Organon, Política e Constituição de Atena. In *Os Pensadores*. São Paulo: Nova Cultura, 1999.

ATIENZA, Manuel. *Tras la justicia.* Una introducción al Derecho y al razonamiento jurídico. Editorial Ariel, S.A., Barcelona, 1993.

ATIENZA, Manuel. *O direito como argumentação*. Portugal, Lisboa: Escolar Editora, 2014.

BOBBIO, Norberto. *Teoria da norma jurídica.* Trad. Fernando Pavan Baptista e Ariani Bueno Sudatti. São Paulo, Bauru: EDIPRO, 2001.

BOBBIO Norberto. *Teoría General del Derecho*. Bogotá: Temis, 1987.

BUNGE, Mario. *Epistemologia: curso de atualização.* Trad. de Claudio Navarra. São Paulo: T. A Queiroz. Editora Universitária de São Paulo, 1980.

CAFFÉ ALVES, Alaôr *et al. O que é a filosofia do direito?* Barueri, SP: Manole, 2004.

CARRIÓ, Genaro R. *Notas Sobre Derecho y Leguaje*. 2. ed. Buenos Aires: Abeledo-Perrot, 1990.

CASTÁN Tobeñas, José. *Derecho Civil Español, Común y Foral*, Madrid, 1991.

CAVALIERI FILHO, Sergio. *Programa de direito do consumidor*. 2. ed. São Paulo: Atlas, 2010.

CUSTÓDIO da Piedade Ubaldino Miranda. *Interpretação e integração dos negócios jurídicos*. São Paulo: Rt., 1989.

DIEZ-PICAZO, Luis; GULLÓN, Antonio. *Instituciones de Derecho Civil.* Madrid: Tecnos, 1995.

DWORKIN, Ronald. *O Império do Direito.* Trad. Jefferson Luiz Camargo. São Paulo: Martins Fonte, 1999.

DWORKIN, Ronald. *O Império dos direitos*. Trad. Jefferson Luiz Carmago. 2. ed. São Paulo Martins Fontes, 2007.

DWORKIN, Ronald. *Levando os direitos a sério*. Trad. Nelson Boeira. 2. ed. São Paulo, Martins Fontes, 2007.

DWORKIN, Ronald. *Levando os direitos a sério*. Trad. Nelson Boeira. São Paulo: Martins Fontes, 2002.

DWORKIN, Ronald. *Levando os direitos a sério*. Trad. Jefferson Luiz Carmago. 2 ed. São Paulo Martins Fontes, 2010.

ERNEST Nagel. The Structure of Science. Problems in the Logico of Scientific Explanation, *apud*, SANTOS, Boaventura de Sousa. *Um discurso sobre as ciências*. 7. ed. São Paulo: Cortez, 2010.

FRANÇA, Limongi, R. *Hermenêutica Jurídica.* 7. ed. São Paulo: Saraiva, 1999.

FRANÇA, Limongi, R. *Brocardos Jurídicos. As regras de Justiniano.* 2. ed. São Paulo: Rt, 1969.

FRIEDE Reis. *Ciência do Direito, norma, interpretação e hermenêutica jurídica.* 2. ed. Rio de Janeiro: Forense Universitária, 1999.

GOMES de Mattos, Mauro Roberto. *A Constitucionalização das Regras da Administração Pública e o Controle do Poder Judiciário*. A & C. Revista de Direito Administrativo e Constitucional. Ano 4, n. 18, out/dez. 2004. Belo Horizonte: Fórum, 2004.

GOMES Orlando. *Contratos*. 6. ed. Rio de Janeiro: Forense, 1978.

HÄBERLE, Peter. *Hermenêutica Constitucional - A Sociedade aberta dos intérpretes da Constituição*: contribuição para a interpretação pluralista e "procedimental" da Constituição. Trad. Gilmas Ferreira Mendes. Porto Alegre: Sergio Antonio Fabris, 1997.

HABERMAS, Jürgen. *A ética da discussão e a questão da verdade*. Organização e introdução de Patrick Savidan; trad. Marcelo Brandão Cipolla. São Paulo: Martins Fontes, 2004, p. 30-31.

HABERMAS, Jürgen. *Facticidad y validez*. Madri: Trotta, 1998.

HARE, R.M. *A linguagem da moral*. Trad. Eduardo Pereira e Ferreira. São Paulo: Martins Fontes, 1996.

HART. H. L. A. *O conceito do direito*; pós-escrito organizado por Penelope A. Bullock e Joseph Raz; tradução de Antônio de Oliveira Sette-Câmara; revisão da tradução Marcelo Brandão Cipolla; revisão técnica Luiz Vergílio Dalla-Rosa. São Paulo: Editora WMF Martins Fontes, 2009.

HERREN Aguillar, Fernando. *Metodologia da Ciência do Direito*. 3. ed. São Paulo: Max Limonad, 2003.

HOBBES Thomas. *Leviatã, ou A matéria, forma e poder de um estado eclesiástico e civil*. Trad. Alex Marins. São Paulo: Martin Claret, 2003.

HOBBES Thomas. *Leviatã, ou A matéria, forma e poder de um estado eclesiástico e civil*. Trad. Rosina D'Angina. São Paulo: Ícone, 2000.

HOBBES, Thomas. *Do Cidadão*. Trad. Renato Janine Ribeiro. 3. ed. São Paulo: Martins Fontes, 2002.

IHERING, Rudolf von. *É o direito uma ciência?* Trad. Hiltomar Martins Oliveira. São Paulo: Rideel, 2005.

KELSEN Hans. *Teoria geral do direito e do estado*. Trad. Luis Carlos Borges. São Paulo: Martins Fontes, 1998.

KELSEN, Hans. *Teoria geral do direito e do estado*. 4. ed. Tradução de Luís Carlos Borges. São Paulo: Martins Fontes, 2005.

KELSEN, Hans. *Teoria geral das normas*. Trad. e Rev. de José Florentino Duarte. Porto Alegre, RS: Fabris, 1986.

KELSEN, Hans. *Teoria pura do direito*. Trad. João Baptista Machado. 6. ed. São Paulo: Martins Fontes, 1998.

KELSEN – KLUG. *Normas Jurídicas e Análise Lógica*. Correspondência 1959-1965. Trad. Paulo Bonavides. Rio de Janeiro: Forense, 1984.

LARENZ, Karl. *Metodologia da Ciência do Direito*. 2. ed. Trad. de José Lamego. Lisboa: Fundação Calouste Gulbenkian, 1983.

LEIBNIZ, Gottfried Wilhelm. *Novos Ensaios Sobre o Entendimento Humano*. In Os Pensadores. Trad. Luiz João Baraúna. São Paulo: Nova Cultura, 2000.

LEIBNIZ Gottfried, Wilhelm. *Novos Ensaios Sobre o Entendimento Humano*. Os pensadores. São Paulo: Nova Cultura. 1996.

LOCKE, John. *Segundo Tratado Sobre o Governo*. São Paulo: Martin Claret. 2002.

LOCKE, John. *Ensaio Acerca do Entendimento Humano*. In os Pensadores. Trad. Anoar Aiex. São Paulo: Nova Cultura, 1999.

LUDWIG. Wittgenstein. *Investigações Filosóficas*. Trad. José Carlos Bruni. São Paulo: Nova Cultura, 1999.

MANERO, Juan Ruiz. *Epílogo*: interpretación jurídica y direcciones de ajuste. In, Doxa, Universidad de Alicante. Discusiones XII, nº 11, Año 2012, pp. 203 a 219.

MARQUES, Claudia Lima. *Comentários ao Código de Defesa do Consumidor*. 3. ed. rev., atual. e ampliada São Paulo: Rt, 2010.

MAXIMILIANO, Carlos. *Hermenêutica e Aplicação do Direito*. 16. ed. Rio de Janeiro: Forense, 1996.

MORESO, José Juan. Dos concepciones de la interpretación jurídica, In: *Doxa – Cuadernos de Filosofía del Derecho*, Alicante, Instituto Miguel de Cervantes. ISONOMÍA No. 29, p. 10 / Octubre 2008.

NINO, Carlos Santiago. *Introdução à análise do direito*. Trad. Elza Maria Gasparotto; revisão da tradução Denise Matos Marino. São Paulo: Editora WMF Martins Fontes, 2010.

NUNES, Luis Antônio Rizzatto. *Curso de direito do consumidor*. 6. ed. ver. e atual. São Paulo: Saraiva, 2011.

OHLWEILER, Leonel, Os Princípios Constitucionais da Administração Pública a Partir da Filosofia Hermenêutica: Condições de Possibilidade para Ultrapassar o Pensar Objetificante. *A & C. Revista de Direito Administrativo e Constitucional*. Ano 4, n. 18, out/dez. 2004. Belo Horizonte: Fórum, 2004.

OLIVECRONA, Karl. *Linguagem Jurídica e Realidade*. Trad. Edson Bini – Apresentação: Alaôr Caffé Alves. São Paulo: Quartier Latin, 2005.

PAULA Baptista, Francisco de. *Compêndio de Hermenêutica Jurídica*. São Paulo: Saraiva, 1984.

POPPER, Karl Raimund. *Conhecimento objetivo: uma abordagem evolucionária*. Trad. de Milton Amado. Belo Horizonte: Itatiaia, 1999.

RADBRUCH, Gustav. *Filosofia do direito.* Trad. Marlene Holzhausen; Rev. Sérgio Sérvulo da Cunha. 2. ed. São Paulo: WMF Martins Fontes, 2010.

REALE, Miguel. *Filosofia do Direito*. 20. ed. São Paulo: Saraiva, 2002.

RICOEUR, Paul. *Teoria da Interpretação*: *o discurso e o excesso de significação.* Lisboa: Edições 70, 1976.

ROBLES, Gregorio. *O direito como texto*: quatro estudos de teoria comunicacional do direito. Trad. de Roberto Barbosa Alves. Barueri, SP: Manole, 2005.

RODRÍQUEZ, Victor Gabriel. *Argumentação jurídica*: técnicas de persuasão e lógica informal. 4. ed. São Paulo: Martins Fontes, 2005.

ROSS, Alf. *Direito e Justiça*. Trad. Edson Bini. Rev. Alysson Leandro Mascaro. Bauru, São Paulo: EDIPRO, 2000.

SALDANHA Nelson. *Sociologia do Direito.* 3. ed. São Paulo: Rt, 1989.

SALVO Venosa, Silvio de. *Teoria Geral dos Contratos*. 3. ed. São Paulo: Atlas, 1997.

SAMPAIO Ferraz Jr, Tercio, *Introdução ao estudo do Direito.* 2. ed. São Paulo: Atlas, 1994.

SEARLE, John R. Filosofia contemporânea nos Estados Unidos, in BUNNIN, Nicholas e E.P. Tsui-James (orgs). *Compêndio de Filosofia.* São Paulo: Loyola, 2002.

SARLET, Ingo Wolfgang. *A eficácia dos direitos fundamentais.* 3. ed. ver. atual. e ampl. Porto Alegre: Livraria do Advogado, 2003.

SAYÃO Romita, Arion. *A norma jurídica.* As normas jurídicas no Direito do Trabalho. Rio de Janeiro: Freitas Bastos [s.d.].

SERRANO, Pablo Jiménez. *Epistemologia do direito*. [livro eletrônico]. Rio de Janeiro: Jurismestre, 2015. Disponível em: www.loja.jurismestre.com.br

SERRANO, Pablo Jiménez. *Práticas da argumentação jurídica*: técnicas do raciocínio e da persuasão judicial. [livro eletrônico] / Pablo Jiménez Serrano. – Rio de Janeiro: Jurismestre, 2017.

SERRANO, Pablo Jiménez. *Curso de filosofia jurídica*: estudos de jusfilosofia aplicada. Rio de Janeiro: Jurismestre, 2019.

SERRANO, Pablo Jiménez. *Tratado de oratória básica e forense*: como convencer e persuadir falando. [livro eletrônico]. Rio de Janeiro: Jurismestre, 2019.

SERRANO, Pablo Jiménez. *Teoria e prática da oratória forense*: como convencer e persuadir falando. Curitiba: CRV, 2020. - Coedição: Volta Redonda, RJ: Jurismestre, 2020.

STRECK, Lenio L. Questionando o ativismo judicial ou "de como necessitamos de uma teoria da decisão". *Revista Direito e Paz*, Lorena, n. 30, p. 11-46, jan./jul. 2014, p. 13.

STRECK, Lenio. Hermenêutica constitucional. Disponível em: https://enciclopediajuridica.pucsp.br/verbete/18/edicao-1/hermeneutica-constitucional Acesso: 15,01,2020.

VASCONCELOS Arnaldo. *Teoria da norma jurídica.* Rio de Janeiro: Forense, 1978.

WITTGESTEIN, Ludwig. *Observações sobre a filosofia da psicologia* – vol. I e II. Tradução e revisão técnica Ricardo Hermann Ploch Machado. Aparecida, SP: Ideias & Letras, 2008.

ZULETA Puceiro, Enrique. *Elementos de teoría del derecho*. Buenos Aires: Abeledo Perrot, 2013.

Printed in Dunstable, United Kingdom

91335497R00098